法律関係論における権能

佐藤 遼

新基礎法学叢書

14

成文堂

はしがき

　本書は、二人格間の法的地位の相関関係としての法律関係を記述するために必要な概念について、特に「権能」の概念に着目して、学説史と理論的考察の両面から検討したものである。ある人格が自身の行為によって他の人格または自身の法的地位を変化させることができる場合、当該人格は権能をもつ。本書では、義務の領域の各概念——権利、義務、特権、無権利——が、権能の領域の各概念——権能、責任、免除、無能力——に還元されうるということ、およびこのような還元を行う際には、義務者の権能を基準に対応関係を組み立てるのが適切であるということを示す。

　第1部では、法律関係を記述するために用いられる概念についての学説史を跡づけることにより、法律関係の記述において権能概念が果たす役割が大きくなっていく過程を明らかにする。検討の素材として、19世紀後半のドイツ法学、およびベンサムから20世前半にかけての英米の分析法理学を用いる。

　第2部では、法律関係論において権能の概念が果たす役割について、権利や義務と権能の関係、および義務の領域と権能の領域の相互関係といった論点を考察する。そして、最終的には、義務の領域を権能の領域に還元する方法について探求する。

　各章の詳細については、「第1部のはじめに」および「第2部のはじめに」を参照されたい。

　義務の領域の概念によっては、法律関係の変化のプロセスを記述することはできない。義務の領域の各概念を権能の領域の各概念に置き換えることによって、各当事者がいかなる法的地位の変化を生じさせることができるか（または、できないか）、およびいかなる法的地位の変化に服するか（または、服しないか）を表現することができるようになる。このような還元の試みは、従来あまり検討されてこなかった。本書では、こうしたの試みに焦点を当てるとともに、義務者の権能という視点を加えることによって、新しい還

元の形を示すことを目指す。

　本書では、「法律関係」を二人格間の法的地位の相関関係を表す用語として用いる。また、本書では、法的地位を表す用語として「権利」、「義務」、「特権」、「無権利」、「権能」、「責任」、「免除」、「無能力」などを使用するが、これらの用語は通常の法律用語としての意味とは異なる意味で用いられる点に注意されたい。また、同じ用語でも論者によって異なる意味で用いられたり、同一または類似の法的地位が論者によって異なる用語で表現されたりすることがある。法的地位を表す用語の意味、および用語法の違いについては、各論者の議論について検討している箇所、および「第2部のはじめに」を参照されたい。

　本書は、2017年1月に京都大学に提出した博士学位論文「法律関係論における権能」に大幅な加筆・修正を施したものである。また、本書の第1部は、すでに公表した論文をもとにしており、以下に初出を示す。

　　「法律関係論の史的展開（一）〜（四）・完」『法学論叢』178巻6号（2016年3月）79-101頁；179巻2号（2016年5月）100-29頁；179巻5号（2016年8月）94-111頁；180巻1号（2016年10月）95-123頁

　本書の刊行までには、多くの方々にお世話になった。まず、筆者が京都大学大学院法学研究科に入学して以来、指導教員としてご指導を賜った亀本洋先生（明治大学法学部教授）に、心より感謝を申し上げる。先生によるご指導がなければ、本書を書くことはできなかった。加えて、先生には、本書を新基礎法学叢書の一冊として刊行する機会をいただいた。

　また、大学院進学以来、ドイツ語の手ほどきをはじめ、常にお世話になっている服部高宏先生（京都大学大学院法学研究科教授）、博士論文審査の際に有益なご教示をいただいた船越資晶先生（同教授）、研究に関する助言と励ましの言葉を下さる近藤圭介先生（同准教授）にも、厚く御礼を申し上げる。

菊池亨輔氏（京都大学大学院法学研究科特定助教）、菊地諒氏（京都大学地球環境学堂特定講師）、村尾太久氏（京都大学大学院法学研究科博士後期課程）、高橋秀明氏（同博士後期課程）には、初校のゲラ刷を読んでいただき、多くの誤りをご指摘いただくとともに、有益なアドバイスを頂戴した。

　本書の内容の一部については、法理学研究会、東京法哲学研究会・法理学研究会合同合宿、京都大学基礎法学研究会で報告する機会を得た。貴重な機会を設けて下さった関係各位に、謝意を表する次第である。

　成文堂の阿部成一社長、および同社編集部飯村晃弘氏には、本書の出版をお認めいただくとともに、温かいご支援を賜った。心より御礼を申し上げる。

　最後に、私事になるが、研究者の道に進むことを認め、物心両面にわたる支援をしてくれた両親に感謝の意を表する。

　本書の刊行に際しては、平成 29 年度京都大学総長裁量経費として採択された法学研究科若手研究者出版助成事業による補助を受けた。

　2018 年 2 月

佐藤　遼

v

目　　次

はしがき ……………………………………………………………………… i

引用についての注記 ……………………………………………………… xii

第1部　法律関係論の史的展開

第1部のはじめに ………………………………………………………… 3

第1章　ドイツにおける展開
——19世紀後半における権利概念分析を中心に—— ……………… 5

第1節　ブリンツ ………………………………………………………… 5

第2節　レーネル ………………………………………………………… 7

  1. 基本的立場と権利概念 ……………………………………………… 7

  2. 請求権 ………………………………………………………………… 9

  3. 強制権能 ……………………………………………………………… 9

  4. 許可 …………………………………………………………………… 11

  5. 考察 …………………………………………………………………… 12

第3節　トーン …………………………………………………………… 12

  1. 分析の目的 …………………………………………………………… 13

  2. 基本的立場 …………………………………………………………… 13

  3. 権利および請求権 …………………………………………………… 15

    (1) 権利と請求権の関係 …………………………………………… 15

    (2) 請求権の本質 …………………………………………………… 17

  4. 享受 …………………………………………………………………… 18

  5. 権能 …………………………………………………………………… 19

    (1) 権利との区別 …………………………………………………… 19

    (2) 権能概念の射程——特に規範違反行為との関係で ………… 21

vi　　目次

　　6.　考察 ……………………………………………………………… 22

　第4節　ビーアリング ……………………………………………… 23

　　1.　基本的立場と権利概念 ………………………………………… 23

　　2.　法請求権 ………………………………………………………… 24

　　3.　許容 ……………………………………………………………… 24

　　4.　法的可能 ………………………………………………………… 26

　　5.　考察 ……………………………………………………………… 27

　第5節　小括 ………………………………………………………… 27

　　1.　三つのカテゴリーの区別 ……………………………………… 27

　　2.　残された課題 …………………………………………………… 28

第2章　分析法理学における展開（1）………………………… 31

　第1節　ベンサム …………………………………………………… 31

　　1.　法の諸様相 ……………………………………………………… 32

　　2.　サーヴィスに対する権利 ……………………………………… 33

　　3.　責務の不存在としての権利 …………………………………… 35

　　4.　権能 ……………………………………………………………… 36

　　　（1）　接触の権能 ………………………………………………… 36

　　　（2）　命令の権能 ………………………………………………… 37

　　　（3）　ベンサムにおける権能および権能付与法の位置づけ ……… 38

　　5.　考察 ……………………………………………………………… 39

　第2節　オースティン、マークビー、ホランド …………………… 40

　第3節　ハーン ……………………………………………………… 42

　　1.　命令と法的義務 ………………………………………………… 42

　　2.　法的権利 ………………………………………………………… 43

　　3.　権能 ……………………………………………………………… 44

　　4.　自由 ……………………………………………………………… 45

　　5.　考察 ……………………………………………………………… 46

　第4節　テリー ……………………………………………………… 47

目次　　vii

1. 対応権 ……………………………………………………………… 47

2. 許容権 ……………………………………………………………… 48

3. 被保護権 …………………………………………………………… 49

4. 能力権 ……………………………………………………………… 51

5. 考察 ………………………………………………………………… 52

第5節　サーモンド ………………………………………………………… 53

1. 基本的立場 ………………………………………………………… 53

2. 広義の権利の四つのカテゴリーと相関概念 …………………… 55

3. 狭義の権利 ………………………………………………………… 56

4. 自由 ………………………………………………………………… 57

　（1）　自身に課せられた法的義務の不存在から得られる
　　　　利益としての自由 ……………………………………………… 57

　（2）　自由と狭義の権利の区別 ……………………………………… 58

5. 権能 ………………………………………………………………… 59

6. 免除 ………………………………………………………………… 60

7. 各概念間の不存在関係 …………………………………………… 61

8. 考察 ………………………………………………………………… 62

第6節　ホーフェルド ……………………………………………………… 63

1. 分析の目的と根本的法律概念 …………………………………… 64

2. 権利─義務関係 …………………………………………………… 65

3. 特権─無権利関係 ………………………………………………… 66

　（1）　権利─義務関係の不存在としての特権─無権利関係 …… 66

　（2）　特権と権利の区別 ……………………………………………… 67

4. 権能─責任関係 …………………………………………………… 69

　（1）　権能─責任関係の性質 ………………………………………… 69

　（2）　権能と義務違反 ………………………………………………… 72

5. 免除─無能力関係 ………………………………………………… 76

6. 各概念間・各関係間の相互関係 ………………………………… 77

7. 考察 ………………………………………………………………… 77

viii　目次

第7節　小括 ……………………………………………………………… 78
　1.　成果 ……………………………………………………………… 78
　2.　残る疑問 ………………………………………………………… 79

第3章　分析法理学における展開（2） ……………………… 81
第1節　コクーレク ……………………………………………………… 81
　1.　基本的立場 ……………………………………………………… 82
　2.　法律関係の要素と種類 ………………………………………… 84
　3.　請求権─義務関係 ……………………………………………… 86
　4.　権能─責任関係 ………………………………………………… 87
　　（1）　権能─責任関係の性質 …………………………………… 87
　　（2）　権能概念の拡張 …………………………………………… 88
　5.　権能─責任関係と請求権─義務関係の相互関係 …………… 93
　6.　考察 ……………………………………………………………… 95
第2節　ハイルマン ……………………………………………………… 96
　1.　基本的立場 ……………………………………………………… 96
　2.　ホーフェルド図式の再解釈 …………………………………… 97
　3.　考察 ……………………………………………………………… 101
第3節　ゴーブル ………………………………………………………… 102
　1.　基本的概念としての権能 ……………………………………… 102
　2.　無能力─免除関係 ……………………………………………… 103
　3.　権利─義務関係 ………………………………………………… 104
　4.　無権利─特権関係 ……………………………………………… 106
　5.　考察 ……………………………………………………………… 107
第4節　小括 ……………………………………………………………… 108

第1部のまとめ ……………………………………………………… 109

目次　ix

第2部　法律関係分析における権能概念の役割

第2部のはじめに ……………………………………………………… 113
1. ホーフェルドの法律関係分析 ……………………………… 113
2. 用語について ………………………………………………… 115
3. 第2部の論述の流れ ………………………………………… 115

第4章　権能概念をめぐる諸論点 …………………………………… 117
第1節　自分自身に対する権能 …………………………………… 117
第2節　出来事による法的地位の変化とそれに服する人格の地位 …… 118
第3節　法的権能と物理的力の区別 ……………………………… 120
第4節　権能の行使は「法的地位の発生または消滅」を
　　　　生じさせるものに限定されるか ………………………… 121
第5節　法的地位を「変化させない」ことができる場合について …… 122
第6節　小括 ………………………………………………………… 124

第5章　権利と権能 …………………………………………………… 127
第1節　強制権能説 ………………………………………………… 128
1. ゴーブル …………………………………………………… 129
2. ケルゼン …………………………………………………… 129
　(1)　権利の種類 ………………………………………… 129
　(2)　義務とサンクション ……………………………… 130
　(3)　単なる反射権 ……………………………………… 131
　(4)　技術的意味における権利 ………………………… 133
　(5)　権利と義務の関係 ………………………………… 135
3. ロス ………………………………………………………… 137
4. ハート ……………………………………………………… 140
5. ウェルマン ………………………………………………… 141
6. 考察 ………………………………………………………… 145

x　　目次

第2節　否定説 ……………………………………………………… 146

　1.　強制不可能な権利 ……………………………………………… 147

　　（1）　サーモンド──完全な権利と不完全な権利 …………… 147

　　（2）　クレイマー──真正な権利と名目上の権利 …………… 148

　2.　強制権能をもちえない人格が権利をもつとすべき場合 …… 149

　3.　考察 …………………………………………………………… 150

　　（1）　強制可能性と権利の性質 ………………………………… 150

　　（2）　名目上の権利および義務を導入することについて …… 151

　　（3）　誰が権利保持者か ………………………………………… 151

第3節　小括 ………………………………………………………… 152

第6章　義務と権能 …………………………………………… 155

第1節　コクーレクにおける義務権能と反義務権能 …………… 155

第2節　義務権能について ………………………………………… 157

第3節　反義務権能について ……………………………………… 158

　1.　法的権能と事実的な能力の区別 …………………………… 159

　2.　権能付与の理由 ……………………………………………… 162

　3.　意図 …………………………………………………………… 163

　4.　特権と権能 …………………………………………………… 166

　5.　反義務権能の存在を認めることは不合理な帰結ではない ……… 167

　6.　義務と権能を結びつけることについて …………………… 167

第4節　小括 ………………………………………………………… 169

第7章　義務の領域と権能の領域の相互関係 …………… 171

第1節　権能の領域を義務の領域に還元する立場 ……………… 171

　1.　特権と権能 …………………………………………………… 171

　　（1）　より高階の許可としての権能 …………………………… 172

　　（2）　特権の一種としての権能 ………………………………… 173

　　（3）　権能が特権を含意することを否定する論拠 …………… 175

目次　xi

　　2.　権能行使の条件の不充足と義務違反 ……………………………… 179

　　3.　行為規範の前提条件としての権限規範 ……………………………… 179

　第2節　義務の領域を権能の領域に還元する立場 ………………… 181

　　1.　権利と権能 …………………………………………………………… 181

　　2.　義務者がもつ権能 …………………………………………………… 182

　　3.　特権・無権利 ………………………………………………………… 183

　第3節　小括 ……………………………………………………………… 184

第2部のまとめ ………………………………………………………… 187

結論 ……………………………………………………………………… 189

文献一覧 ………………………………………………………………… 191
人名索引 ………………………………………………………………… 203
事項索引 ………………………………………………………………… 205

引用についての注記

　引用文章に邦訳がある場合、それを参照したが、訳文は必ずしも邦訳に従っていない。

　特に断りのない限り、引用の際には、原文におけるイタリック・ゲシュペルト・圏点による強調部分には圏点を付し、太字による強調部分はゴシック体で表記している。引用文中における「……」は筆者による省略、〔　〕内は筆者による補いを示す。

　旧字体、旧仮名遣いについては、適宜現代風に書き改めている。欧文の単語の綴りも、人名・書名・論文名および文献情報を除き、現代の綴りにしている。

第1部　法律関係論の史的展開

第1部のはじめに

　第1部では、二人格間の法的地位の相関関係としての法律関係を記述するために用いられる概念についての学説史を跡づけることにより、法律関係の記述において権能の概念が果たす役割を明らかにする。そこでは、法律関係を記述するための概念の生成・発展の学説史を、①従来の権利概念に含まれる異なる諸要素の区別、②各概念間の相関関係と不存在関係の発見・定式化、および権能の領域の独立、③法律関係の記述における権能の役割の拡張、という三つの段階に分けて概観する。検討の素材として、19世紀後半のドイツ法学、およびベンサムから20世紀前半にかけての英米の分析法理学における権利概念ないし法律関係概念分析を用いる。

　第1章では、「従来の権利概念に含まれる異なる諸要素の区別」という観点から、19世紀後半のドイツにおける権利概念分析の展開を検討する。そこでは、権利ないし請求権、許容、および権能ないし法的可能という三つのカテゴリーが互いに区別されるべきであるということが明らかになる。ドイツにおける議論は、サーモンドやコクーレクを通じて、英米にも影響を与えた。

　第2章では、「各概念間の相関関係と不存在関係の発見・定式化、および権能の領域の独立[1]」という観点から、英米の分析法理学の論者のうち、ベンサムからホーフェルドまでの論者を扱う。そこでは、相手方の権能の不存

---

1)　本書では、権利（請求権）と義務という相関概念、およびこれらの不存在を表す概念（サーモンドでは自由と責任、ホーフェルドでは特権と無権利）をまとめて「義務の領域」と呼び、権能と責任という相関概念、およびこれらの不存在を表す免除と無能力をまとめて「権能の領域」と呼ぶことにする。前者を「権利の領域」ではなく「義務の領域」と呼ぶのは、権利（請求権）と義務の相関関係においては、義務を負う人格の行為がその内容をなす点を考慮に入れたためである（cf. Kocourek 1927, p. 14）。

4 第1部のはじめに

在に基づく地位が免除（immunity）[2]として位置づけられ、法的地位を表す概念の間にある相互関係が明らかになる。そして、ホーフェルドにおいて、義務の領域と権能の領域が相互に還元不可能なものとして扱われるようになる。

第3章では、「法律関係の記述における権能の役割の拡張」という観点からアメリカの三人の論者、コクーレク、ハイルマンおよびゴーブルの法律関係論を検討する。コクーレクは義務を負う人格がもつ権能を明示した。ハイルマンは、ホーフェルドの分析において権能が中心的役割を果たすとし、ゴーブルは、根本的概念は権能であるという立場から、ホーフェルドが提示した八つの概念をすべて権能とその相関項としての責任の存在・不存在に還元することを試みた。

なお、第1部では、一部の論者について、義務違反行為ないし違法行為（コクーレクの用語では反義務行為）によって法的効果を発生させうる、または法的地位を変化させうることが権能ないし法的可能に含まれるかを検討している。筆者は、各論者がこの点についてどのように考えているかを、権能ないし法的可能の射程に関して各論者がどのように考えているかを明らかにするための一つの手がかりとしている。この可能性を明示的に肯定する論者は、第1部で扱っている中でも少数である。その中で、これを肯定するコクーレクの見解について、権能概念の拡張という観点から詳細に論じている（第3章第1節）。この論点に対する筆者自身の立場は、第6章で示す。

2） 第1部のもとになった論文（佐藤 2016a; 2016b; 2016c; 2016d）では、"immunity" を「免除権」と訳していたが、筆者はこの語に「権利」という含みをもたせる意図はないので、本書では単に「免除」と訳すことにする。

第1章　ドイツにおける展開
——19世紀後半における権利概念分析を中心に——

　本章では、19世紀後半のドイツにおける権利概念分析の展開を、「従来の権利概念に含まれる異なる諸要素の区別」という観点から考察する。その際には、①相手方の義務に対応する権利または請求権[1]、②命令・禁止の不存在に基づく許容、および③権能[2]ないし法的可能という三つのカテゴリーの生成と展開を検討する[3]。本章における考察の範囲は19世紀後半に限定され、20世紀以降の叙述の重点は英米の方に移る。

第1節　ブリンツ

　ブリンツ（Alois Brinz）[4]は、権利概念の中から「法的許容（rechtliches

1）「請求権（Anspruch）」の概念はそれ自体多義的に用いられる概念であり、本書では、この概念自体を詳細に検討することはしていない。本書では、相手方の義務に相関する概念として、あるいは義務に相関する権利に関係する限りでのみ、この概念を扱っている。請求権概念を巡るドイツの議論については、奥田1979参照。

2）ドイツにおいては、「権能（Befugnis）」の語は②の意味、すなわち許容の意味で用いられる場合もある。本書では、権能を③の意味で用いているトーンの権利概念論を詳細に扱っているため、ここでは権能を③に分類している。この用語が②の意味で用いられている、または③とは異なる意味で用いられている場合には、そのことを注記する。

3）本章で取り上げる論者のうち、ブリンツについては、cf. Spaak 1994, pp. 5-6. トーンおよびビーアリングについては、cf. Kocourek 1927, pp. 37-41.

　なお、本章では法的地位を表すこれらの概念の生成・展開に注目し、「法律関係」または「法関係」と訳される „Rechtsverhältnis" の概念それ自体の詳細には立ち入らない。19世紀ドイツ法学における „Rechtsverhältnis" の概念の学説史については、耳野2003参照。

4）1820-1887. ローマ法・民法学者、政治家。エアランゲン大学、プラハ大学、テュービンゲン大学、ミュンヘン大学教授。主著として *Die Lehre von der Kompensation*（1849）; *Lehrbuch der Pandekten*（1857-71）などがある。

6 第1章 ドイツにおける展開

Dürfen)」と「法的可能（rechtliches Können）」を区別した。「ある人格があ
る行為をなす権利をもつ」と言う時、「権利」という語は二つの意味で用い
られる。一つは、当該行為をなすことが当該人格に許されている、すなわ
ち、当該人格が当該行為をなさない義務を負わないという意味である。たと
えば、ある物の所有者がその物を使用する権利をもつと言う場合、権利とい
う語は、そのようにすることが許されているという意味で用いられる。もう
一つは、当該人格は当該行為によって一定の法的効果を発生させることがで
きるという意味である。たとえば、ある物の所有者がその物を他人に譲渡す
る権利をもつと言う場合、権利という語は、有効にその物の所有権を他人に
移転することができるという意味で用いられる[5]。

　この二つの用法の区別をはっきりと示したのがブリンツである[6]。ブリン
ツはこれを法的許容と法的可能の区別という形で示した。ブリンツは次のよ
うに述べる。

　　法的許容と可能（licere, posse）は、言葉の上では混同されるが、互いに異
　なる。許容または権能（Befugnis）[7]は、普通の行為と法律行為のいずれの種
　類の行為についても見出されるものである。それに対し、法的可能または法的
　力（rechtliche Macht）は、法律行為（Rechtsgeschäfte）、すなわちその語の
　最も広い意味において、法によって、その不可視の法的効果を得るために立て
　られている、または受け入れられているような行為についてのみ見出されるも
　のである——法律行為をなす法的力が存在する場合には、たいていそれをなす
　権能も存在する。しかし、後者が存在しないのに前者が存在することが時にあ
　る[8]。

　法的許容は、ある行為をなすことが許されているということを意味す

---

5) ただし、その物を譲渡することが許されている、すなわち禁止されていない場合
　には、「譲渡する権利」と言う場合にも前者の意味を含みうる。しかし、ここでは後
　者の意味のみに注目する。
6) Kasper 1967, S. 89; Spaak 1994, pp. 5-6.
7) ブリンツは「権能」を許容の意味で用いている。
8) Brinz 1873, S. 211-2.

る[9]。これに対し、法的可能は、法的効果を得るための行為をなすことができるということを意味する。法的可能の中には立法、裁判官の判決、狭義の法律行為をなす法的力などが含まれる[10]。ブリンツは、法的可能が存在する場合に、必ずしも法的許容が存在するとは限らないという点を指摘する[11]。この点も、法的許容と法的可能を区別する根拠の一つである。

なお、不法行為（Delikt）によって一定の効果を発生させることができる場合に、ブリンツはそれを法的可能の行使とはみなさない。上の引用文中では、法的可能は「法律行為」をなす法的力として規定されている。ブリンツは法律行為と不法行為を厳格に区別し[12]、不法行為を、法的可能と区別される物理的可能（physisches Können）の例として挙げている[13]。さらに、ブリンツは法的可能は権利の一種であるとしている[14]。

第2節　レーネル

レーネル（Otto Lenel）[15] は、権利概念には異なる二つの要素が含まれるということを、それぞれの要素に相関する義務者の地位に言及しながら明らかにした。それとともに、レーネルは、許可は命令または禁止の不存在に基づくものであり、権利概念には含まれないということを示した。

1. 基本的立場と権利概念

レーネルは、権利は国家意思として個人に付与されるとする。「……権利または権能は、実際には立法者の意思と異なるものでは決してなく、むしろ

---

9) 　法的許容の例については、vgl. Brinz 1873, S. 213-4.
10) 　Brinz 1873, S. 214-6.
11) 　その例については、vgl. Brinz 1873, S. 212 Anm. 3.
12) 　Brinz 1892, S. 4-15.
13) 　Brinz 1873, S. 212.
14) 　Brinz 1873, S. 213-4.
15) 　1849-1935. ローマ法学者。キール大学、マールブルク大学、シュトラースブルク大学、フライブルク大学教授。主著として *Das edictum perpetuum*（1883）；*Palingenesia iuris civilis*（1889）などがある。

8   第1章　ドイツにおける展開

この意思それ自体である。……権利とは、……具体的国家意思に他ならない[16]」。たとえば、国家が法律の中で「消費貸借の目的物が与えられるたびごとに、私〔－国家〕は、受領者が目的物を交付者に、要求に応じて、返還すべしと意思する」と表明したとする。AがBに消費貸借の目的物を与えるならば、Aは、消費貸借の目的物の返還請求をする場合に、国家の意思を有している。この時、消費貸借の目的物の返還を求める権利がAに帰属するとされる[17]。

　そして、レーネルは、権利の内容（Inhalt）と目的（Zweck）を区別し、権利の目的は権利の内容には属さないとする。

　　　権利は内容と目的をもつ。私がここで権利の目的をそのように理解しているところのものが、物権においては権利の内容とみなされるのが通例である。しかし、……「権利」という名はおよそ、その目的を達成するために用いられる手段（*Mittel*）に向けられている国家意思とのみ理解する方がより正当である[18]。

　このように、権利の内容は目的達成のための手段に向けられている国家意思として理解される。権利の目的は、権利の内容には含まれない。たとえば、所有権の目的の一つとして、所有権者が物を任意に処分しうることが挙げられる。レーネルによればこれは権利の内容たりえない。権利の内容はあくまでこのような目的を実現するための手段に向けられた国家意思として理解されなければならない。

　このように理解される権利概念には、次の二つの要素が含まれる。すなわち、①国家の命令に基づく請求権（Anspruch）、および②国家の強制する意思に基づく強制権能（Zwangsbefugnis）の二つである[19]。以下、この二つの要素と、権利概念に含まれがちがちであるがそれとは区別されるべき許可

16)　Lenel 1876, S. 3.
17)　Lenel 1876, S. 3.
18)　Lenel 1876, S. 3.
19)　Lenel 1876, S. 3-4.

（Erlaubnis）について検討する。

2. 請求権

　権利の第一の要素は、国家の命令に基づく請求権である。レーネルによれば、国家の命令は権利者の請求権および義務者の法義務（Rechtspflicht）を意味する。レーネルは次のように述べる。

　　この命令（Gebot）は、義務者が、権利者の（明示または黙示の）要求に応じて、ある一定の行為をなすまたはなさないということである。……義務者の側から見れば、また義務者に関して言えば、命令は義務者の**法義務**を意味し、権利者の側から見れば、また権利者に関して言えば、権利者の**請求権**を意味し、それゆえこの請求権は法義務と同一である。たとえば、「AはBに対して100金を求める請求権をもつ」、「BはAに100金を支払うよう義務づけられている」は、いずれも、国家はAに100金を支払うことをBに命令するという事実を表す別の表現にすぎない[20]。

　請求権と法義務の相関関係においては、義務者の命令された行為（作為・不作為）が問題となる。引用文中の例では、権利者Aと義務者Bの間において、Aに100金を支払うというBの行為が問題となる。このことは物権においても同じである。たとえば、所有権者は、物の処分に対する侵害をしないことを求める請求権を万人に対してもつ[21]。この場合、問題となるのは侵害しないという義務者の行為である。

3. 強制権能

　権利の第二の要素は、国家の強制する意思に基づく強制権能である。義務者に対する命令が存在するだけでは、権利によって目指された結果の実現を

---

20)　Lenel 1876, S. 5.
21)　Lenel 1876, S. 5. レーネルは、物権と債権は人格に対する権利（請求権および強制権能）である点においては変わりがなく、それが万人に対するものであるか、一人または複数の個々の人格に対するものであるかという違いがあるにすぎないとする（Lenel 1876, S. 11-2）。

10　第1章　ドイツにおける展開

担保するのに十分ではない。義務者が命令された行為をなさない場合に、義務者の意思に反してでもその結果を実現する手段がなければならない。これが強制権能である。あらゆる比較的発展した法秩序は、請求権によって保護された権利者の意思に従わない義務者に対し、国家による強制が用いられうるべきことを表明する。この国家の強制意思は、請求権が満足させられていない場合に、強制権能となる[22]。このようにして、国家の強制意思としての強制権能が権利者に付与される。強制権能は、有責判決を得る権利である場合と執行権能である場合がある[23]。

　この権利者の強制権能に対応する義務者の法的地位は、受忍責任（Dulden-Müssen）として、法義務とは区別される。レーネルは次のように述べる。

　　執行権能にも有責判決を得る権利にも、義務者の側において何等の法義務も対応しない。国家は、権利者が義務者に対して執行する、または有責判決を得ることができるということを意思する。権利者のこの可能（Können）は、義務者の受忍責任と同義であり、義務者のいかなる意思行為も全く必要としない[24]。

　ここでレーネルは、権利者側の強制権能＝可能に相関する義務者の地位は法義務ではなく受忍責任であることを指摘している。なぜなら、請求権と法義務の相関関係においては義務者の行為が問題となるのに対し、強制権能と受忍責任の相関関係においては、強制する主体は権利者であるからである。後者の相関関係においては、義務者は権利者の強制権能に服さざるをえない地位にある。

　レーネルはこのように、権利は請求権と強制権能という異なる二つの要素からなるとし、それぞれに対応する義務者の地位に法義務と受忍責任という異なる概念を当てた。

---

22)　Lenel 1876, S. 6.

23)　Lenel 1876, S. 6-7.

24)　Lenel 1876, S. 8.

4. 許可

レーネルは、請求権および強制権能とは異なり、許可は権利概念に含まれないとする。許可ないし意思の許容（Wollendürfen）を権利概念に含める見解[25] に対し、レーネルは次のように反論する。

　　許可は禁止（Verbot）の単なる否定にすぎない。今、我々が、実定法秩序が存在しないものと考えるならば、実定法上は何も禁止されておらず、したがってすべてのことが許可されているだろうから、実定法に含まれているあらゆる許可は、ベールで覆われた命令または禁止か、これまで存在していた禁止の破棄、すなわち原状（status quo ante）に復することのいずれかのみを意味するということが明らかになる。このような背景をもたない、国家による現実の単なる許可は、権利者にとって全く無価値であるだろう。というのは、私が国家の意思によればあることをしてよいということからは、国家が、この行為の際に他者の抵抗から私を保護すること……を決意しているということは、いまだまったく帰結しないからである[26]。

ここでは、許可は禁止の不存在という消極的意味しかもたないということが述べられている。なお、「ベールで覆われた命令または禁止」とは、文言上の許可が実際には命令または禁止を意味する場合のことである[27]。許可がこのような「ベールで覆われた命令または禁止」を含意しない場合には、ある行為が許可されているからといって、その行為が他者による妨害から保護されているとは限らない。すなわち、この時、被許可者が他者に対して、自

25）「意思の許容」は、ヴィントシャイト（Bernhard Windscheid）が権利を定義する際に用いる概念である。ヴィントシャイトは、権利とは「法秩序によって与えられた意思の許容、すなわち法秩序によって与えられた力（Macht）または支配（Herrschaft）」であるとする（Windscheid 1870, S. 86）。

26）　Lenel 1876, S. 4.

27）　レーネルは次のような例を挙げる。立法者が、「買主は瑕疵ある商品を返還してよい（dürfen）」と言った場合、このことは、「売主は当該商品を引き取るべきであり（sollen）、かつ引き取らざるをえない（müssen）」ということを意味する（Lenel 1876, S. 4 Anm. 2）。この場合、文言は買主に対する許可であるが、実際の内容は売主に対する命令である。

身が当該行為をなすことを妨げないことを求める請求権をもっているとは限らない。したがって、権利は国家の命令と強制意思を意味するとするレーネルの立場からは、単なる許可は権利の概念に属さないということになる。

5. 考察

レーネルは、権利概念には請求権と強制権能という二つの異なる要素が含まれていることを示した。第一の要素たる請求権は、国家の命令に基づいて成立するものであり、義務者の法義務に相関する。この請求権と法義務の相関関係においては、義務者の行為が問題となる。これに対し、第二の要素たる強制権能は、国家の強制意思に基づいて成立するものであり、義務者の受忍責任に相関する。この強制権能と受忍責任の相関関係においては、権利者の強制行為が問題となる。レーネルはこのように、相関概念の違いおよび行為の主体の違いという観点から、請求権と強制権能を区別した。

そしてレーネルは、許可は権利概念には含まれないとした。この点は、それまで権利という語の中で一緒にされて、区別されてこなかった諸要素を、命令または禁止の存在と不存在という観点から明確に区別したという意味で注目に値する。

ただし、レーネルはもっぱら訴訟や強制執行の段階の強制権能のみを考察しており、強制権能以外の権能ないし法的可能には言及していない。したがって、レーネルにおける可能概念の射程は限定的なものとなっている。権能概念により広い意味を与えたうえで、従来の権利概念に含まれる異なる要素について包括的な考察を行ったのが、次に検討するトーンである。

第3節　トーン

トーン（August Thon）[28] は、従来の権利概念の中から権利（subjektives Recht）、享受（Genuß）、および権能（Befugnis）を区別し、後二者は権利概

---

28)　1839-1912. ローマ法・民法学者。ロストック大学、イェーナ大学教授。主著として *Rechtsnorm und subjectives Recht*（1878）がある。

念に含まれないとした。

1. 分析の目的

トーンは、従来の権利概念に含まれる異なる諸概念を区別しようと試みた。トーンは以下のような課題に取り組むとする。

　　……私は、客観法が同時に個人の権利（das Recht des Einzelnen）になる点を定めようと試みた。……このためにはとりわけ、規範の内容に対する個人の関係を厳密な分析に服せしめることが必要であった。その結果、我々が今日権利という共通の名称でもって包括するものを細分化することになった。私は、我々がこの一つの表現に今日四つの異なる、そして厳格に分離されるべき概念を結びつけており、それらのうちただ一つの概念、すなわち請求権（Ansprüche）に対する期待だけが「権利」と呼ぶに真に値する……――それに対し、規範保護（Normenschutz）はそれ自体だけではいかなる権利も基礎づけず、それから規範保護を与えられた財産の享受はそもそも権利に属さず……そして最後に権能は法的可能（rechtliches Können）として、権利の概念から区別されなければならない……――ということの証明を試みる[29]。

ここでは、①法が個人の権利となるプロセスを明らかにし、②権利概念と、それ以外の諸概念を厳格に区別しなければならないということが述べられている。トーンの分類に拠りながら各概念について検討する前に、分析の前提となるトーンの基本的立場をまず確認しておく。

2. 基本的立場

トーンは命令説の立場から法規範を統一的に理解する。トーンによれば、「ある共同体の法全体は諸命令（Imperative）の複合体に他ならない[30]」。こ

---

29)　Thon 1878, S. V-VI.
30)　Thon 1878, S. 8. トーンは „Imperativ" を、狭義の命令ないし作為命令（Gebot）と禁止（Verbot）の両方を含む概念として用いている。本節では、単に「命令」と表記する場合は „Gebot" を意味し、「命令（I）」と表記する場合は „Imperativ" を意味するものとする。

14 第1章 ドイツにおける展開

の命令（I）は規範（Norm）という形で現れる。その規範に対する違反の法的効果は、新たな命令（I）の成立または従来の命令（I）の消滅という形をとる[31]。たとえば、「汝殺すべからず」という規範が存在する場合を考える。ここである者が誰かを殺害した時、その殺人犯の規範違反行為＝殺人の効果は、一定の国家機関に対する、容疑者を逮捕し、有罪判決を下し、その判決に基づいて刑を執行する許容（Dürfen）および義務（Pflicht）である[32]。ここで、義務は、刑事司法を委ねられた国家機関に向けられる、殺人犯の訴追および処罰を目的とする命令（I）の発生であり、許容は殺人犯の自由と生命を保護する命令（I）の消滅である[33]。

　権利は命令（I）に基づいて個人に付与される。法秩序は命令および禁止の発布によってのみ、権利を創出する[34]。これ以外のものによっては、権利は付与されえない。この点で、トーンにおいては命令（I）の存在が、権利が存在するための必要条件となっている（ただし、十分条件ではない。後述するように、単に命令（I）が存在するだけでは、個人に権利が付与されるためには不十分だからである）。

　これに対し、許可や権能付与——トーンはこれを「付与（Gewährung）」と呼ぶ[35]——は自立的法命題ではない。許可は命令（I）の不存在または撤回を意味するにすぎない。また、権能付与は一定の命令（I）の発生・終了の前提を定めるにすぎず、自立的法命題ではないとされる[36]。後述するように、これらに基づく個人の地位は、命令（I）に基づくものではないので、権利ではないとされる。

31）　Thon 1878, S. 7-8.
32）　Thon 1878, S. 9.
33）　Thon 1878, S. 9-10.
34）　Thon 1878, S. 288.
35）　Thon 1878, S. 345-6.
36）　Thon 1878, S. 346.

3. 権利および請求権

(1) 権利と請求権の関係

トーンは、請求権[37]は規範違反を除去するために個人に与えられた手段であるとする。請求権は常に規範違反を前提とし、そしてそれは被害者に与えられる、規範違反状態を除去する手段である[38]。たとえば、ある人格がある物の所有権をもつ時、「何人も所有権者の同意なくして他人の物を享受してはならない」という禁止規範が存在する[39]。ここで、所有権者が自己の物を妨害されずに占有している限り、所有権者にはいかなる請求権も生じない[40]。請求権が生じるのは、保護する規範が違反された時である[41]。

この請求権は、権利者に対する命令（I）の消滅、または民事司法を委ねられた国家機関（たいていの場合裁判所）に対する命令（I）を喚起する法的力を内容とする。前者の場合、法秩序は、それまで権利者に向けられていた命令（I）を撤回することによって、請求権を付与する。自力救済の許可がこの形の請求権付与の典型である。この場合、法秩序は権利者に対する命令（I）を撤回し、自力救済という手段をとることを権利者の手に委ねることによって、個人に請求権を付与する[42]。ただし、このような形での請求権付与は、当時（1878年）ではほとんど消滅してしまっていたとされる[43]。

当時法秩序が原則として採用していた方法は後者である。すなわち、国家機関に対する命令（I）を創出する力（Macht）を権利者に付与するという方法である。権利者がこの力を行使して訴えを提起すると、裁判官は訴えを認容し、被告敗訴の判決を下し、原告の要求に基づいて執行をなさしめる義務を負う[44]。ここでは、命令（I）の発生がもっぱら権利者の手中にあるということが、権利者の請求権を特徴づけている[45]。

---

37) トーンの請求権概念についての批判的検討として、奥田 1979, 79-84 頁参照。
38) Thon 1878, S. 250.
39) Thon 1878, S. 167.
40) Thon 1878, S. 253.
41) Thon 1878, S. 254.
42) Thon 1878, S. 224-5.
43) Thon 1878, S. 225.
44) Thon 1878, S. 227-8.

16   第1章　ドイツにおける展開

権利[46]はこの請求権に対する期待として特徴づけられる。トーンは権利
と請求権の関係を次のように述べる。

　　ある個人の利益に……与えられた規範保護は、被保護者に、規範違反がなさ
　れた場合に、規範違反性を除去するための手段が法秩序によって与えられ、か
　つ任意の使用に委ねられるということによって私法上の権利になる。私法上の
　請求権は私法上の権利の徴表である[47]。

　　権利は請求権と同一ではない。請求権が生じる前に権利は存在しうるし、た
　いていは存在している。しかし、法秩序の側での万一の場合の請求権の付与だ
　けが、規範によって保護されている状態を今すぐにでも被保護者の権利へと高
　める。権利は万一の場合に請求権が与えられるという約束によって基礎づけら
　れる。権利はそのような請求権が得られる見込みに本質がある。あるいはより
　厳密には、権利は、規範によって保護されている者のために、規範の違反がな
　された場合に、命令されていることの実現または禁止されていることの排除の
　ために、その者にある手段、すなわち請求権が付与されるという法の規定から
　生じる[48]。

　このように、規範違反がなされた場合に、それを除去するための手段＝請
求権が与えられ、それが個人の使用に委ねられる見込みがある場合に、権利
は存在するとされる。権利自体は、規範違反がまだなされていなくても、そ
の違反に対して権利者に請求権が付与されるところの規範＝命令（I）が存
在している時点で、すでに存在している。たとえば、所有権の内容をなす権
利は、「何人も所有権者の同意なくして他人の物を享受してはならない」と
いう規範[49]によって所有権者に保護が与えられている時点ですでに存在し

---

　45)　Thon 1878, S. 228.
　46)　トーンの権利概念については、来栖 2004, 311-5 頁；末川 1970, 431-42 頁参照。
　　　来栖三郎は、トーンの学説が爾後の権利論に決定的な影響を持ったとする。これに対
　　　し、末川博はトーンの権利概念に批判的立場をとる。トーンの権利概念に対する評価
　　　も含めた、来栖と末川の間の論争については、原島 2011, 497-500 頁参照。
　47)　Thon 1878, S. 133.
　48)　Thon 1878, S. 218.

ている。まだ規範に対する違反がなされておらず、所有権者に請求権が付与されていなくても、権利は存在しうる。しかし、規範違反の場合に被保護者に請求権が付与されなければ、その者は権利をもつとは言えない。この点で、権利の存在は請求権によって基礎づけられているということになる。

(2) 請求権の本質

トーンは、請求権の本質は命令（I）を喚起する（法的）力（(rechtliche) Macht）にあるとする。前述のとおり、請求権付与の主要な方法は、国家機関に対する命令（I）を生じさせる力を権利者に与えるというものである。この種の請求権の本質は、権利者に与えられた、命令（I）を発生させる法的力にある。トーンは次のように述べる。

> この請求権の第二の最も主要な形式において、……請求権は、一定の国家機関（たいていの場合裁判所）に法的救済の保証を命じる命令（I）の開始のための前提条件を定める、法秩序によって与えられた力を意味する……[50]。

> 請求権はむしろ、裁判官に、法的救済を与えるよう命じる命令（I）を喚起する力にのみ本質がある[51]。

トーンによる請求権の定式化は、命令（I）の変化をもたらす法的力であるという点で、後述する権能の定義と類似している。トーンは、権利者に対する請求権の付与によって「彼の可能、すなわち彼の法的力は著しい、彼の利益にとって極めて重要な増大を得た[52]」と述べている。この「可能」は権能を特徴づける用語である[53]。このように請求権は、国家機関を名宛人とする命令（I）の発生に限定されているとはいえ、可能、すなわち命令（I）の発生・変更・消滅をもたらす法的力の一種であるという点で、権能と共通の性質を有している[54]。

---

49)　Thon 1878, S. 167.
50)　Thon 1878, S. 228.
51)　Thon 1878, S. 229.
52)　Thon 1878, S. 228.
53)　Vgl. Thon 1878, S. 338.

18 第1章 ドイツにおける展開

4. 享受

トーンは、享受の許容（Genießendürfen）が権利の内容であるとする学説に反対して、法的に保護された財産の享受は決して権利の内容に属さないとする[55]。たとえば、所有権の目的物の享受（その物を使用・収益することなど）は権利の内容とされることが多い[56]。しかし、トーンによればこのような享受は権利の内容ではない。このように考えるべき主な理由は以下の三点にまとめられる。

第一に、ある享受行為が法的に保護されているか否かは、当該享受行為の態様を変化させないという点である。ある享受行為の態様は、当該行為を保護する規範が存在するか否かによって変化しない。たとえば、「汝殺すべからず」という禁止規範が発せられる前と後とで、個人にとって自己の生命の享受（の態様）は何ら変化させられていない[57]。

第二に、許可規範は、それが禁止規範の撤回を意味するのでない限り、法的に無意味であるという点である。ある享受行為が法的に許可されているためには、当該行為が法的に禁止されていなければ十分であり、許可規範が存在する必要はない。また、権利が存在するためには、単なる享受行為の許可では不十分である。ある人格に権利が付与されていると言うことができるためには、当該享受を妨げることを他人に禁止する規範と、その規範に対する違反がなされた場合に権利者に請求権が付与されることが必要となる。そして、トーンによれば、このような禁止規範が存在するならば、享受行為を許可する規範は法的に無意味となる。たとえば、「何人も他人を殺しまたは侵害してはならない」という規範が存在するならば、「何人も自己の身体的、精神的存在を好きなように決定してよい」という規範は無意味で余計な規範となる[58]。

---

54) Vgl. Schulev-Steindl 2008, S. 32-3, 37-8.

55) Thon 1878, S. 288-9.

56) このように考える論者の例として、トーンはヴィントシャイトを引き合いに出す（Thon 1878, S. 289）。

57) Thon 1878, S. 290-1.

58) Thon 1878, S. 291-2. ただし、ある行為をなすことを妨げないことを求める権利が

第3節　トーン　19

　第三に、法的に保護された財産の享受は権利の目的であるが、権利の内容ではないという点である[59]。トーンによれば、権利の内容はあくまで命令（I）とその違反の場合における請求権付与に対する期待である。物権における享受、たとえば権利者の側での物の利用などは、権利の内容とは関係がないとされる。

　そして、トーンは許容の領域を非法的な自由の領域として性格づける。許容の法的性質について、トーンは次のように述べる。

　　　禁止された意思の活動と法的に保護された意思の活動の間には、許可されていること、あるいはより正確に言えば禁止されていないことの無限に広い領域がある。その領域とはすなわち、いかなる法命題によっても制限されていない自然的自由の領域である[60]。

　前述のようにトーンは、「ある共同体の法全体は諸命令（I）の複合体に他ならない」とし、権利が存在するためには命令（I）が存在しなければならないとする。それゆえ、命令（I）の不存在を意味する許容は非法的な性格をもち、それだけではいかなる権利も基礎づけない。

5.　権能

(1)　権利との区別

　トーンは権能を、個人に与えられた、命令（I）を発生・消滅させる法的力であるとする。トーンは法的可能としての権能の性質を次のように説明する。

　　存在する場合に、必ずしも当該行為をなすことが許されているとは限らないので、トーンのこの論述は不正確である。この点については、ホーフェルドが指摘している（第2章第6節3（2）参照）。

59)　Thon 1878, S. 320-1.
60)　Thon 1878, S. 222. コクーレクは、トーンが自由（liberty）をはっきりと区別し、その法学上の重要性を述べた最初の著者の一人であるとする（Kocourek 1927, p. 37)。

20　第1章　ドイツにおける展開

　　法秩序は……個人の何らかの行為に、何らかの法的効果を結びつける——そ
　れが……ある命令（I）の発生であれ、ある命令（I）の撤回であれ、最後にあ
　る命令（I）の変更であれ。このことをもって、その行為に今やこの法的効果
　が依存するところの個人に、法的性質をもつ可能が与えられている——それは
　すなわち、自身の行為によって国家による命令（I）の開始または消滅のため
　の前提を生じさせる力である[61]。

　権能は個々の命令（I）の発生・消滅のための前提をなす[62]。権能の行使
によって生じる効果は命令（I）の発生・消滅である。たとえば、ある者の
無主物先占の権能は、その者の所有権を基礎づける禁止の発生の前提であ
る。また、所有権を放棄する権能は、所有権を基礎づける禁止の消滅の前提
である。これらの権能が行使されると、個々の命令（I）が発生・消滅させ
られる。

　トーンは、命令（I）の前提としての権能は決して権利概念に含まれない
ということを強調する。その理由は、命令（I）それ自体と、命令（I）を発
生・消滅させる法的力、ないし命令（I）の前提としての権能は区別される
べきであるからというものである。権利を命令（I）に基づく保護、および
その違反によって生じる請求権に対する期待と規定するトーンの立場から
は、権能は権利概念には含まれえない。たとえば、所有権の譲渡権能
（Veräußerungsbefugnis）は所有権それ自体と区別される。トーンは、所有権
を譲渡する権能は、譲渡の客体である所有権とは異なるものであると述べ
る[63]。これを規範で言い換えると、次のようになるだろう。すなわち、譲渡
によって、譲渡人の所有権を基礎づける禁止規範が消滅し、譲受人の所有権
を基礎づける禁止規範が生じる。これらの規範それ自体と、これらの規範を
発生・消滅させる権能は異なる。このようにして、権能は権利から区別され
る。

---

61)　Thon 1878, S. 338.
62)　Thon 1878, S. 345 ff.
63)　Thon 1878, S. 327-8.

第3節　トーン　　21

（2）　権能概念の射程——特に規範違反行為との関係で

　トーンは、「権能の行使は、我々が法律行為（*Rechtsgeschäft*）と呼ぶもの
である[64]」とし、権能を法律行為によって命令（I）を発生・消滅させる力
に限定する。そして、「法秩序が法的効果を発生させるのに適切な手段とし
て承認する行為のみが、法律行為の概念の内側にとどまる[65]」とされる。

　しかし、命令（I）を発生・消滅させる行為には法律行為以外のものも存
在する。たとえば、不法行為（Delikt）などの規範違反行為（normwidriges
Handeln）は、それがなされれば、新たな命令（I）を発生させる。そこで、
権能の行使は法律行為を通じたものに限られないのではないかという疑問が
生じる。ここでは、規範違反行為と法律行為の区別という観点から、権能と
規範違反行為の関係に関するトーンの見解を検討する。

　トーンは、規範違反行為が新たな命令（I）の発生のための前提であること
自体は認める。たとえば、「汝盗むべからず」という禁止の違反から、賠
償の給付の二次的命令が生じる[66]。このように、個人は規範違反行為によっ
ても命令（I）を発生させることができる。

　しかし、トーンは、規範違反行為は法律行為概念に含まれないとするた
め、規範違反行為によって新たな命令（I）を発生させることを権能の行使
とはみなさない。規範違反行為が法律行為の概念に含まれない理由につい
て、トーンは不法行為を例にとって次のように述べる[67]。

---

64)　Thon 1878, S. 350.

65)　Thon 1878, S. 358.

66)　Thon 1878, S. 351.

67)　以下のトーンの論述は、シュロスマン（Siegmund Schlossmann）による法律行
　　為概念批判を念頭に置いたものである。シュロスマンは次のように述べる。故意の放
　　火の際には、火災によってもたらされた物の破壊と、物の所有権の破壊に向けられた
　　意思の存在から、法律行為の定義によって要求されるすべてのメルクマールが備わっ
　　ている。このような例を引き合いに出しつつ、シュロスマンは、法律行為と不法行為
　　（Unrecht）は概念上区別されえないとする（Schlossmann 1876, S. 130-1）。これに対
　　し、トーンは、この例において所有権の消滅をもたらしているのは、破壊という行為
　　ではなく、破壊されているという事実であると反論している（Thon 1878, S. 370）。
　　ここでは、所有権の破壊に向けられた意思が所有権の破壊のための要件となっている
　　わけではない。したがって、厳密に言うと、シュロスマンの批判は当たっていない。

22　第1章　ドイツにおける展開

　　不法行為は、常に規範違反性を、それゆえ法秩序にとって望ましくないこ
　と、そしてそのために法秩序によって禁止されていることを含んでおり、そし
　て他方で法律行為は、望んだ法的効果を得るために法秩序が個人に任意に使用
　させるところの手段である。そうであるならば、法秩序は当然、自身が禁止す
　るのと同一の行為を、法的効果を実現するための手段として規定しないだろう
　ということは、最初から明白である。……それゆえ、不法行為の要件は、法律
　行為の要件とは決して重なり合わないだろう……[68]。

　トーンによれば、法律行為は、法秩序が法的効果を発生させるための適切な手
段として承認する行為である。そして、権能はこのような適切な手段として承認
された法律行為によって命令（Ⅰ）を発生・消滅させる法的力である。したがっ
て、トーンにおいては規範違反行為によって法的効果を発生させることは権能の
行使とみなされない。

6. 考察

　トーンの功績は、従来権利概念の中に区別されずに含まれていた三つの概
念、すなわち権利、享受、および権能を明確に区別し、個々の概念に関する
包括的考察を行った点にある[69]。権利は命令（Ⅰ）の存在に基づく。これに
対し、享受は権利の内容には属さない。また、権能は命令（Ⅰ）を発生・消
滅させるための前提にすぎず、命令（Ⅰ）それ自体に基づく権利とは区別さ
れる。この三つのカテゴリーの区別は、権利概念分析および法律関係論の発
展に対する極めて重要な寄与をなした[70]。

---

68)　Thon 1878, S. 366-7.
69)　トーンは従来の権利概念を請求権、享受、権能の三つのカテゴリーに分けたとさ
　　れる（Kocourek 1927, p. 37; Pound 1937, pp. 571-2; 1959, p. 76; 高柳 1948, 139 頁）。
　　ただし、トーン自身は、後二者は権利概念には含まれないとする点に注意されたい。
70)　コクーレクは、トーンの著作が法律関係論における「最も明快で独創的な著作の
　　一つ」であるとする（Kocourek 1927, p. 37）。

第4節　ビーアリング

ビーアリング（Ernst Rudolf Bierling）[71] は法請求権（Rechtsanspruch）、（法的）許容（(rechtliches) Dürfen）、および法的可能（rechtliches Können）を区別した[72]。ビーアリングによるこうした区別は、大筋ではトーンによる分析と同様のものである。ただし、請求権概念の理解など、細部において相違がある。

1.　基本的立場と権利概念

ビーアリングは、自立的法規範は命令（Gebot）と禁止（Verbot）のみを含み、作為または不作為を要求するものであるとする[73]。命令と禁止のみが自立的法命題として妥当しうる理由として、ビーアリングは、それらのみがあらゆる法の目的——人間に対する人間の行動を規定すること——に役立つという点を挙げる[74]。

そして、権利という語もまた、自立的法規範としての命令または禁止に基づく地位にのみ用いられる。ビーアリングによれば、権利という語の用法は次の三つに分けられる。すなわち、①法請求権、②（法的）許容、および③法的可能である。ビーアリングは、権利という語は①の意味でのみ用いられるべきであるとする[75]。

---

71)　1841-1919. 教会法学者。グライフスヴァルト大学教授。一般法学の主要な学者、法承認説の提唱者としても知られる。主著として *Zur Kritik der juristischen Grundbegriffe*（1877-83）；*Juristische Prinzipienlehre*（1894-1917）がある。

72)　Kocourek 1927, p. 40; Pound 1937, p. 572; 1959, p. 76; 高柳 1948, 139 頁。ただし、ビーアリングも、許容と法的可能は基本的には権利概念に含まれないとした点に注意されたい。

73)　Bierling 1894, S. 71-2; Funke 2004, S. 263. ビーアリングは、実定法の本質が「一定の範囲の人間の共同生活のルールとして、そこに属する人々の側で絶えず承認される」法規範にあるとしつつ（Bierling 1877, S. 2-3. ビーアリングの法承認説については、大橋 1985, 7-12 頁；1990, 91 頁以下参照）、法規範の性質について命令説をとる。

74)　Bierling 1894, S. 87.

75)　Bierling 1883, S. 49-50; 1894, S. 160-2.

24　第1章　ドイツにおける展開

2. 法請求権

　ビーアリングは、法規範は一方の側の法請求権と他方の側の法義務（Rechtspflicht）の相関関係としての法律関係（Rechtsverhältnis）からなるとする。ビーアリングは法規範、法律関係、法請求権および法義務の関係を次のように整理する。

　　すべての法規範は、一方の側において法請求権として、他方の側において法義務として意思または承認される。
　　換言すると、すべての法規範は法律関係、すなわち権利者と義務者の間の関係の内容を表現する[76]。

　　法義務は、法請求権の唯一の、かつ完全な相関物（Korrelat）である[77]。

　ここでは、すべての法規範は法律関係、すなわち権利者の法請求権と義務者の法義務の相関関係からなるということが述べられている。そして、前述のように、法規範は命令または禁止からなり、「義務は規範に拘束されていることに他ならない[78]」。したがって、法請求権は命令または禁止としての法規範に他ならないということになる。このようにビーアリングは、法請求権を法規範と同一のものと解し、この法請求権こそが権利に他ならないとする。この点で、ビーアリングの法請求権概念は、規範違反の除去のために個人に与えられた法的力というトーンの請求権概念とは異なる。

3. 許容

　これに対し、（法的）許容は決して権利の概念に属さない。たとえば、自己の物を使用することが許される所有権者の地位のように、ある一定の行為

---

76)　Bierling 1894, S. 145.
77)　Bierling 1894, S. 169.
78)　Bierling 1883, S. 35. なお、義務者の地位を表す語として、「法義務（Rechtspflicht）」と「義務（Pflicht, Verpflichtung）」が用いられているが、ビーアリングはこれらの語を同じ意味で用いている。「法請求権（Rechtsanspruch）」と「請求権（Anspruch）」についても同様である。

をなすことが許されている場合のある人格の地位が、許容である。許容は法規範（＝命令または禁止）の不存在に基づく地位であり、法規範の存在に基づいて与えられる権利概念には含まれないとされる。ビーアリングは許容と法規範の関係について次のように述べる。

　　単なる法的許容または許可されていること（Erlaubtsein）は、ある一定の行動に、所与の場合においていかなる実定法規範も対立しないという……事実または認識を表すための……表現にすぎない[79]。

　ビーアリングにおいて、許容は「ある一定の法秩序の規範に対立していないこと[80]」、「前提された状況の下で別の行動を命令する、対立するいかなる法規範も存在しないこと[81]」を意味する。たとえば、自己の物を使用することが所有権者に許されているということは、単にその物を使用することを所有権者に禁止する法規範が存在していないということを意味するにすぎない。命令または禁止としての法規範が存在しなければ、権利としての法請求権は存在しえない。したがって、許容それ自体はいかなる権利も基礎づけない。

　このことは、単なる許容には、決して法義務は相対しない[82]という形でも述べられる。たとえば、無主物を使用することが万人に許されているとする。この時、被許可者の行為を妨げない法義務を他者が負うわけではない。無主物先占その他の行為によって、ある者が法請求権を得てはじめて、他者の法義務が成立するのである[83]。単なる許容に法義務が相対することは決してなく、そのように見える場合には、そこには法請求権が存在しており、法義務はこの法請求権に相対している[84]。

---

79)　Bierling 1894, S. 160.
80)　Bierling 1883, S. 52.
81)　Bierling 1894, S. 163.
82)　Bierling 1883, S. 324; 1894, S. 169.
83)　Bierling 1883, S. 52–3.
84)　Bierling 1883, S. 324.

4. 法的可能

ビーアリングは、法的可能を「実定法の何らかの規定から帰結する、『法律行為』によって一定の法的効果を発生させる能力[85]」と定義する。このように定式化される法的可能の法的性質について、ビーアリングは、法的可能は「確かに一部は現実に実定法自体に属するが、それは常に、そこに法請求権または法義務が含まれている限りでのみそうなのである[86]」と述べる。たとえば、贈与者が撤回権（これは法的可能である）をもつとする。もし贈与者がこの法的可能としての撤回権を行使すれば、受贈者は目的物を返還する法義務を負う。この場合、撤回前の時点で受贈者において「条件付法義務（bedingte Rechtspflicht）」が存在するとされる[87]。このように「法的可能が行使された場合に生じる法請求権／法義務」が「条件付法請求権／法義務」である。法的可能は、条件付法請求権／法義務を含む限りでのみ法の領域に属し、条件付法請求権を含む限りでのみ権利の概念に属する[88]。ただし、このような場合でも、相手方の法義務および法請求権に対応するのは法的可能ではなく、あくまで条件付法請求権および法義務である[89]。

法的可能は法規範を創出する能力として、法規範それ自体としての法請求権から区別される。法的可能を付与する規範としての授権規範（Ermächtigungsnorm）を、ビーアリングは自立的法規範とはみなさなかった[90]。

ビーアリングは法的可能概念を、法律行為によって法的効果を発生させる能力に限定する。それ以外の行為、たとえば刑罰その他の法的効果が後に生じるような違法行為（rechtswidrige Handlung）は法律行為の概念に含まれない[91]。法的可能を「法律行為」によって法的効果を発生させる能力とした理

---

85) Bierling 1883, S. 50.
86) Bierling 1894, S. 160.
87) Bierling 1894, S. 181. Vgl. Bierling 1883, S. 41-2.
88) Bierling 1883, S. VI.
89) Vgl. Bierling 1894, S. 181.
90) Bierling 1894, S. 79 ff. フンケ（Andreas Funke）は、ビーアリングが授権規範を行為規範（Verhaltensnorm）から区別されるべき独立の規範のクラスとして展開しなかった点を指摘する（Funke 2004, S. 237-40）。

由の一つとして、ビーアリングは次の点を挙げる。すなわち、たとえば「自身の意識行為（eigenes bewußtes Handeln）」によってとすると、不法行為能力（Deliktsfähigkeit）も法的可能とみなされてしまうという点である[92]。

5. 考察

　ビーアリングは従来の権利概念の中から、法請求権、許容、および法的可能という三つのカテゴリーを区別した。このうち権利の名に値するのは法請求権のみである。これに対し、許容は対立する法規範の不存在に基づく法的地位を意味するにすぎず、権利概念に含まれない。また、法律行為によって法的効果を発生させる能力としての法的可能も、権利とは区別される。この分類はトーンにおける分類と類似している。ただし、命令・禁止としての法規範の存在に基づく法請求権と、その不存在に基づく許容の違いを明確に示している点が、ビーアリングの特徴である。また、法的可能概念は、法律行為によって法的効果を発生させる能力に限定されている。この点は、ブリンツにおける法的可能やトーンにおける権能と同様である。

第5節　小括

1.　三つのカテゴリーの区別

　ここまで、「従来の権利概念に含まれる異なる諸要素の区別」という観点から、19世紀後半のドイツの議論を検討してきた。そこから、区別されるべき三つのカテゴリーが明らかとなった。つまり、①命令・禁止の存在に基づき、相手方の（法）義務に相関する権利ないし（法）請求権、②命令・禁止の不存在に基づく許容、および③権能ないし法的可能の三つである。①と②は、前者が命令・禁止の存在に基づく地位であるのに対し、後者はその不

---

91)　ビーアリングにおける行為の分類については、vgl. Bierling 1898, S. 42-5, 46 ff. 詳細は省略するが、ビーアリングにおいては、違法行為と法律行為は決して重なり合わない形で分類されている。

92)　Bierling 1883, S. 50 Anm. ＊.

28　第1章　ドイツにおける展開

存在に基づく地位であるという点で互いに区別され、③は命令・禁止を発生・消滅させる法的力として、命令・禁止それ自体の存在や不存在に基づく①および②と区別される。これらの三つのカテゴリーは――②や③を権利概念に含めるにせよ、含めないにせよ――権利概念の分析において基礎となる枠組みを提供した[93]。

2. 残された課題

　法律関係を記述するための概念の形成において、19世紀後半のドイツ法学は非常に重要な発展を示した。しかし、それでも不十分な点が残った。次章以降で検討する英米の分析法理学における展開と対比すれば、以下の四点を指摘することができる。

　第一に、特にトーンやビーアリングにおいては、権能ないし法的可能に副次的な重要性しか与えられていないという点である。彼らは、法規範は命令であるという立場から、命令や法規範との関連で権能ないし法的可能について言及するにすぎない。彼らは、権能付与規範を自立的法規範とみなさなかったため、権能ないし法的可能を独自の重要性をもつカテゴリーとしては扱わなかった。すなわち、トーンは権能を法規範＝命令（I）の発生・消滅の前提にすぎないとし、ビーアリングは、条件付法請求権または法義務が存在する限りでのみ、法的可能は実定法に含まれるとした。こうした帰結は命令説を基調とする彼らの立場に由来するものである。しかし、次章以降で述べるように、法律関係の記述、特にその変化まで視野に入れたうえでの記述においては、権能概念が不可欠の役割を果たす。この点を考えると、権能概念に独立のカテゴリーとしての重要性が与えられていないというのは、不満が残る点である。

　第二に、権能ないし法的可能の概念の射程についてである。ブリンツ、トーン、およびビーアリングは、権能ないし法的可能を法律行為と結びつけている。彼らにおいては、法律行為以外の行為、たとえば規範違反行為によっ

---

93)　これらの三つのカテゴリーを私権の分類に用いるものとして、Lehmann 1963, S. 75 ff.; Zitelmann 1900, S. 22-3.

て法的効果を発生させることは、権能ないし法的可能の行使とはみなされない。本章で扱った論者においては、権能ないし法的可能と、規範違反行為によって法的効果を発生させることが結びつけられることはなかった。

第三に、三つのカテゴリーが示す法的地位に相関する相手方の地位に関する考察が不十分であるという点である。権利ないし（法）請求権には相手方の（法）義務が相関する。しかし、許容や可能に相関する相手方の地位についての考察は不十分である[94]。ただし、ドイツにおいても、特に法的可能の相関概念については若干の考察がなされている[95]。

第四に、権能ないし法的可能の不存在に基づく法的地位および法律関係——分析法理学における免除（immunity）と無能力（disability）の相関関係——についての考察がなされていないという点である。この点については、次章第5節で検討するサーモンドによる定式化を俟たなければならない。

---

94)　コクーレクは、「半ダースかそれ以上のドイツ人がすでに徹底的な仕方で法律関係の主者側（dominant side）を扱っていた。これらの試みのうちで最も完全なのはビーアリングのそれであったが、ホーフェルドより前には、どの国のいかなる著者も、法律関係の従者側（servient side）についての体系的説明を、適切な用語とともに、与えようとはしていなかった」と述べる（Kocourek 1927, pp. 362-3）。また、高柳賢三も、義務に照応する狭義の権利以外の範疇の「相関関係」が分析されてこなかったことを指摘する（高柳 1948, 140 頁）。

95)　レーネルが権利者の強制権能に義務者の受忍責任という相関概念を与えたことは、前述のとおりである。また、当為（Sollen）と区別される義務者の地位として „Müssen“ が挙げられることがある（vgl. Hölder 1893, S. 42 ff.; Merkel 1922, S. 21）。さらに、トゥール（Andreas von Tuhr）は、形成権（Gestaltungsrecht）および権能（Machtbefugnis）に服する相手方の地位に「拘束（Bindung）」という概念を当てている（Tuhr 1910, S. 170）。

第2章　分析法理学における展開（1）

本章では、「各概念間の相関関係と不存在関係の発見・定式化、および権能の領域の独立」という観点から、ホーフェルドに至るまでの分析法理学の諸論者の分析を検討する。ベンサムはサーヴィスに対する権利、責務の不存在としての権利、および権能について詳細な考察を行った。ハーンは権利、自由、権能を互いに区別した。テリーは権利を対応権、許容権、被保護権、能力権の四つに分類した。サーモンドは、免除の概念を適切に位置づけ、それを含めた四つの広義の権利——狭義の権利、自由、権能、免除——とこれらの相関概念の間にある相関関係を明らかにした。ホーフェルドは、サーモンドが明らかにした概念関の相互関係をより明確に示した。

第1節　ベンサム

本節では、ベンサム（Jeremy Bentham）[1] におけるサーヴィスに対する権利（right to services）、責務の不存在としての権利、および権能（power）の用法を検討する。ベンサムによるこれらの概念の分析は、分析法理学における権利概念分析の先駆的業績と評される[2]。

---

1) 1748-1832. イギリスの法学者、政治改革論者で、功利主義思想の主唱者として有名。*A Fragment on Government*（1776）; *An Introduction to the Principles of Morals and Legislation*（1789）; *Plan of Parliamentary Reform*（1817）他多数の著作がある。

2) ただし、次節以降で検討する論者に対するベンサムの影響はかなり限定的である。というのも、本節で主に検討の対象とする *Of the Limits of the Penal Branch of Jurisprudence*（Bentham 2010）は、1945 年にエヴェレット（Charles Warren Everett）によって初めて出版され（Bentham 1945）、その後 1970 年にハート（H. L. A. Hart）によって編集し直されて *Of Laws in General* という題で出版され（Bentham 1970）、2010 年にスコフィールド（Philip Schofield）の編集によって新版が刊行されたものであり、19 世紀から 20 世紀初頭には、当該著作のもとになったべ

32　第2章　分析法理学における展開（1）

1. 法の諸様相

ベンサムにおける権利概念の分析は、「法の諸様相（aspects of a law）」という彼の理論に基づいている。そこでまず、法の諸様相に関する彼の議論に触れておく[3]。ベンサムは、法にとって本質的な要素として、行為（act）と様相（aspect）の二つを挙げる。

　　あらゆる法には本質的な要素が二つある。それはすなわち、立法者の側における願望ないし意欲の対象である何らかの行為、およびそのような行為を対象とする願望ないし意欲である。……これらの必要物のいずれかでも欠けているとすると、法であると仮定されているものは、それがなければ法たりえないところのものを欠いている。……しかし、法を作り上げるためには、これら以外の本質的な必要物はない。……今、単一のないし単純な法（a single or simple law）の観念における本質的な構成要素は……行為および様相である[4]。

ベンサムによれば、法の様相には①命令（command）、②禁止（prohibition）、③非命令（non-command）、および④許可（permission）の四つがあるとされる。主権者の願望が、ある行為がなされるべきであるというものである場合、その指令（mandate）は命令と呼ばれ、その行為がなされるべきでないというものである場合、その指令は禁止と呼ばれる。指令が表現しうるものがこれらの否定にすぎない場合、その指令はそれぞれ非命令、および非禁止（non-prohibition）ないし許可と呼ばれる[5]。ベンサムが挙げる各様相の例は、以下のようなものである。

　①命令：すべての戸主は武器を携帯すべきである
　②禁止：すべての戸主は武器を携帯すべきでない
　③非命令：すべての戸主は武器を携帯することを差し控えてよい

　　ンサムの草稿の存在は認知されていなかったからである。
3）　ベンサムの様相理論については、cf. Lysaght 1973; Moreso 2014; 石井 1982a, 86-91 頁；徳永 1982, 202-4 頁；深田 1984, 157-61 頁。
4）　Bentham 2010, pp. 250-1.
5）　Bentham 2010, p. 252.

④許可：すべての戸主は武器を携帯してよい[6]

　これらのうち、①と②の表現を含む指令は命令的（imperative）、責務的（obligative）ないし強制的（coercive）指令と呼ばれ、③と④の表現を含む指令は非命令的（unimperative）、非責務的（unobligative）ないし非強制的（uncoercive）指令と呼ばれる[7]。命令的指令は 2 で検討するサーヴィスに対する権利を基礎づけ、非命令的指令は 3 で検討する責務の不存在としての権利を基礎づけるものであると言える。

2. サーヴィスに対する権利

　ベンサムによれば、権利は①責務（obligation）の不存在から存在するものと、②責務によって定められるものの二種類がある[8]。①については②との関連も含めて次項で検討することとして、ここではまず②の方から先に検討

---

6 ）　Bentham 2010, p. 252. このうち、①命令と②禁止は明確な（decided）様相、③非命令と④許可は不明確な（undecided）様相と呼ばれ、①命令と④禁止は積極的（affirmative）様相、②禁止と③非命令は消極的（negative）様相と呼ばれる（Bentham 2010, p. 252）。ベンサムによれば、①命令と②禁止、③非命令と④許可は、行為の内容（積極的（positive）／消極的（negative））を逆にすることによって、相互に言い換えることができるとされる。たとえば、子を飢えさせることを母親に禁止する法は、子が食事を与えられるよう注意することを母親に命令している（Bentham 2010, pp. 252-3）。
　　さらに、各様相間には以下のような関係があるとされる。①行為が命令されている時、それは禁止されておらず、命令されていないままでもない。②行為が禁止されている時、それは命令も許可もされていない。③行為が命令されていない時、それは禁止されているか許可されているかのいずれかである。④行為が許可されている時、それは禁止されておらず、命令されているか命令されていないかのいずれかである。命令は許可を伴い、禁止と非命令を排除する。禁止は非命令を伴い、命令と許可を排除する。非命令それ自体は必ずしも禁止も許可も伴わないが、命令を排除する。そして禁止と許可は互いに排除しあうので、非命令は一度にそれらのうちの一つしか伴いえない。そしてそれらは互いに矛盾しているので、非命令はそれらのうちの一方または他方を伴わなければならない（Bentham 2010, p. 254）。各様相間の論理的関係については、cf. Lindahl 1977, pp. 5-11.

7 ）　Bentham 2010, p. 253.

8 ）　Bentham 1843, pp. 181, 217-8.

34 第2章 分析法理学における展開 (1)

する。

　ベンサムは、法の規定が命令または禁止である場合、法は責務を課するとする。命令または禁止によって責務が課せられるということは、次のように説明される。すなわち、法の規定が命令または禁止である場合、それは違法行為（offence）を創出する。法の規定が命令ならば、命令された行為をなさないことが違法行為であり、禁止ならば、禁止された行為をなすことが違法行為である。法は、どの行為を違法行為とみなす際にも、それによって問題となっている人格に、その行為をなさない責務を課する[9]。

　そして、この責務ないし義務（duty）が他者に関する（extra-regarding）種類のものである場合[10]、他の者にサーヴィスに対する権利（right to services）が付与される。

　　……法は、他者に関する種類の義務を一方当事者に課する時、そのことによってある他方当事者にサーヴィスに対する権利、すなわち義務が課せられている当事者によって与えられるべきサーヴィスに対する権利を付与する。……あらゆる法的命令は義務を課する。すべての法的命令は、一方当事者に義務を課することによって、その義務が単に自身に関するものにすぎないのでなければ、他方当事者にサーヴィスに対する権利を付与する[11]。

　サーヴィスは積極的（affirmative）なものと消極的（negative）なものに分けられる。サーヴィスが積極的なタイプのものであるのは、義務が積極的であり、この義務を創出する指令が命令であり、法の対象たる行為が積極的行為であり、法が創出する違法行為が消極的違法行為である場合である。サーヴィスが消極的なタイプのものであるのは、義務が消極的であり、指令が禁

---

9 ）　Bentham 2010, p. 131.

10）　ベンサムによれば、いかなる法においてもそれによって利される、または利されることが意図されている当事者が存在する（Bentham 2010, pp. 75, 77-8）。この当事者が義務を課せられる人格自身である場合、義務は自身に関する（self-regarding）種類のものであり、それが他者である場合、義務は他者に関する種類のものであるとされる（Bentham 2010, p. 79）。

11）　Bentham 2010, pp. 79-80.

止であり、法の対象たる行為が消極的行為であり、法が創出する違法行為が積極的（positive）違法行為である場合である[12]。つまり、命令によって積極的サーヴィスに対する権利が、禁止によって消極的サーヴィスに対する権利が、それぞれ創出されるということになる。このサーヴィスに対する権利は、責務ないし義務に相関する権利として特徴づけられる[13]。

3. 責務の不存在としての権利

ベンサムは、自身に責務が課せられていないことも権利として説明している。

> 権利の有効な原因は二つある——
> 1. 対応する責務の不存在。あなたは、あなたがなすことを差し控える責務のもとにないことなら何でもなす権利をもつ。このような権利は、万人が自然状態においてもつ権利である[14]。

この責務の不存在としての権利は、許可的法から生じる[15]。ベンサムが上のように説明したこの種の権利は、一部の論者によって「自由（libetry）」ないし「自由権（liberty-right）」という用語で表現されている[16]。

責務の不存在としての権利は、他の人格に課せられた責務を伴う場合がある。ベンサムは上記の引用文に続けて、二種類目の権利について次のように述べている。

> 2. 二つ目の権利の有効な原因は、対応する責務の存在である。この責務は、他の人格一般に課せられる、最初に言及した種類の権利をあなたが行使することを妨げるのを差し控える責務である。最初に言及した権利は裸の（naked）

---

12) Bentham 2010, p. 80.
13) Hart 1982a, pp. 168-9（邦訳, 106-8頁）.
14) Bentham 1843, pp. 217-8.
15) Bentham 1843, p. 181.
16) Lindahl 1977, pp. 16 ff.; Hart 1982a, pp. 166-9（邦訳, 104-8頁）。ハートは、ベンサムにおける自由権は両面的（bilateral）なものであると解する。

36 第2章 分析法理学における展開 (1)

種類の権利を呼んでよい——この二番目に言及した権利は服を着た（vested）または確立された（established）権利と呼んでよい[17]。

この服を着た権利は、ある行為をなすことに関する、対応する責務の不存在（＝裸の権利）と、他の人格の、当該行為をなすことを妨げない責務からなる複合的なものであると考えられる。たとえば、私が「ある都市のすべての通りに入る権利をもつ」のは、「私を妨げるいかなる責務も存在せず、かつ万人が私を妨げない責務によって拘束されている」からである[18]。

4. 権能

ベンサムによれば、権能は大きく①接触の権能（power of contrectation）と②命令の権能（power of imperation）に分けられる。ベンサムはさらにこれらの権能の下位分類を提示しているが、ここではその詳細には立ち入らず、これらの二つの権能の一般的特徴を描写し、その性質を明らかにする[19]。

(1) 接触の権能

接触の権能は、「受動的能力（passive faculties）に対して行使される権能」である[20]。接触の権能は物理的接触の権能（power of physical contrectation）——主体（生物でも無生物でもありうる）の身体に対して行使される権能——と超物理的接触の権能（power of hyperphysical contrectation）——精神の能力に対して行使される権能——に分けられる。接触の権能の例は、ある人が、彼が歩いたり耕したりする土地に対して行使する権能や、彼が養ったり叩いたり懲罰したりする子供に対して行使する権能などである。

この種の権能についてのベンサムの説明の中心にある観念は、「接触」という一般的項目の中に入る種類の行為をなす法的許可であるとされる[21]。た

---

17) Bentham 1843, p. 218.
18) Bentham 1843, p. 181.
19) ベンサムにおける権能の分類については、石井 1982a, 85 頁参照。
20) Bentham 2010, p. 149 n. b.
21) Hart 1982b, p. 197（邦訳, 151 頁）. ただしハートは、接触の権能は、単なる法的禁

第1節　ベンサム　　37

とえばベンサムは、ある人が他の個人に影響を及ぼす行為を自由にしてよい場合、前者は後者に対して権能をもつとする。この場合、権能をもつ人は、権能が及ぶ行為をなすことに関する限りで、それをなすことを差し控える義務からの免除（exemption）を有するとされる[22]。

(2)　命令の権能

命令の権能は、「人々の能動的能力（active faculties）に対する権能」である[23]。命令の権能はさらに、正確な意味における命令の権能（power of imperation properly so called）と脱命令の権能（power of de-imperation）に区別される[24]。これらの命令の権能（または脱命令の権能）は、当該権能の行使によって法的状況の変化が生じるという点で、(1) で述べた接触の権能と異なる。すなわち、命令の権能が行使されると、ある事態が命令されているということが生じるし、脱命令の権能が行使されると、ある事態が命令されていないということが生じる。

ベンサムは、命令の権能の付与を許可（permission）、ないしある指令を発することを主権者が許す（allow）こととして説明している。たとえば、指令を発する人格が主権者でない場合、指令は採用（adoption）という方法で主権者に属すると言われ、主権者が他の人格の指令を採用することによって、主権者は当該人格に命令の権能を付与すると言われうる[25]。下位の権能保持者の指令が主権者によって採用される場合に、下位の権能保持者が主権者から受け取る援助は、すべて単なる許可からなるとされる[26]。そしてベンサム

止の不存在、つまりある行為をなさない法的義務の不存在ではなく、一般的に禁止されているあることをなす自由であると論じている（Hart 1982b, pp. 197-200（邦訳, 151-5 頁））。これに対し、石井幸三は、ベンサムが「裸のまたは確証されていない権能（naked or uncorroborated power）」という言葉を用いていることは、「論理的には全ての人が少なくとも（実定）法以前にも権能そしてその行使の自由をもっていることを示している」とする（石井 1982b, 99 頁）。

22)　Bentham 2010, p. 314. このような義務からの免除としての権能は、それだけで単独で存在する場合と、他の人々の義務を伴う場合がある。

23)　Bentham 2010, p. 42 n. b. Cf. Bentham 2010, p. 149 n. b.

24)　Bentham 2010, p. 103.

25)　Bentham 2010, p. 45.

26)　Bentham 2010, p. 51. この単なる許可は、下位者が上位者から受け取ることので

38　第2章　分析法理学における展開（1）

は、指令の適法性について次のように述べる。

　　　ゆえに、主権の限界内で発せられており、違法（illegal）でないあらゆる指
　　令は……主権者の指令である。どの指令をとっても、それは主権者が許す
　　（allow）ものの仲間であるか、そうでないかのいずれかである。中間は存在し
　　ない。もしそうであるならば、それは主権者の指令であり、もし原初的考案で
　　ないならば、少なくとも採用によってそうである。もしそうでないならば、そ
　　れは違法であり、それを発することは違法行為（offence）である[27]。

　この箇所は、主権者の許可が、ある者が権能を付与されていることの必要
十分条件であるということを示しているとされる[28]。
　（3）　ベンサムにおける権能および権能付与法の位置づけ
　以上の検討から、ベンサムにおける二種類の権能が、互いに異なる性質を
もちつつも、いずれも許可によって説明されているということがわかった。
接触の権能に関しては、対象に対する力の行使が許可されているものとして
説明されている。この種の権能は、それが行使されても法的状況が変化する
ものではないから、本書で検討の対象とするところの権能概念とは異なる。
これに対し、命令の権能（および脱命令の権能）が行使されると、法的状況
の変化が生じる。この点に限れば、ベンサムにおける権能は許可に還元され
ない独自性をもち、本書で検討の対象とするところの権能と接点をもつよう
にも思える[29]。しかし、上述のように、ベンサム自身は命令の権能について

　　きる最初の、そして最小の程度の援助であり、主権者が果たす役割は消極的なもので
　　あるとされる。これに対し、より高い程度の援助は、その命令に服する当事者が服従
　　しない場合に、下位権能保持者が自ら処罰することを許可する法、他者がそのような
　　処罰の執行を助けることを許可する法、他者が助けることを命令する法などによって
　　与えられる。
27）　Bentham 2010, p. 46-7. なお、ベンサムは採用がなされる形式について、①権能
　　保持者に宛てられた許可によってなされるものと、②権能保持者の権能に服すると考
　　えられる者に宛てられた指令によってなされるものがあるとする。しかしベンサム
　　は、いずれの形式でもまったく同じことであると述べる（Bentham 2010, p. 52）。
28）　Spaak 1994, p. 81. Cf. Lindahl 1977, pp. 201-2.
29）　Cf. Halpin 2014, p. 204; Tusseau 2007, pp. 53-5.

も、下位の権能保持者が指令を発することを主権者が許可することとして説明している。また、ベンサムは、命令の権能は究極的には接触の権能に依拠しているとする[30]。したがって、ベンサムは命令の権能の説明においても、権能を許可によって特徴づけていたと結論づけられるだろう。ハート（H. L. A. Hart）は、命令を発することが法的に許可されているという事実と、有効に命令を発することができるということが異なるという点を指摘してベンサムを批判する。

　　ベンサムの説明を訂正するものとして最も強調する必要があるのは、ある人格または諸人格の集合が命令を発することを法的に許可されている、すなわち法によって禁止されていないという事実は、そのような人格または諸人格がそのような命令を発することが、命令の有効性ないし強制可能性の基準であると認めることと同じではないということである。逆に、そのような命令を発することが許可されておらず違法行為であるという事実は、そのような命令が無効であることとは——これらの二つの特徴が普通は一緒になっているとしても——区別されなければならない[31]。

5. 考察

　ベンサムは、サーヴィスに対する権利と、責務の不存在としての権利を区別した。後の分析法理学の用語で言うと、前者は義務に相関する権利ないし請求権に、後者は自由ないし特権に相当する。また、ベンサムは権能に関する詳細な考察を行っている。ただし、ベンサムにおける権能は基本的に許可によって特徴づけられており、ある人格が自身の行為によって他の人格または自身の法的地位を変化させうることとしての権能概念とは性質を異にする。

---

30)　Bentham 2010, pp. 149-50 n. b.
31)　Hart 1982b, p. 214（邦訳, 172 頁）.

40　第 2 章　分析法理学における展開 (1)

第 2 節　オースティン、マークビー、ホランド

本節ではイギリスの三人の法学者オースティン (John Austin)[32)]、マークビー (Sir William Markby)[33)]、およびホランド (Sir Thomas Erskine Holland)[34)] の権利概念分析について手短に検討する。彼らの分析は分析法理学における権利概念分析の端緒を示しているが、その分析は不十分なものにとどまっている。

オースティン、マークビー、およびホランドは、権利を相手方の義務に相関するものとして定式化する。オースティンおよびマークビーは、命令 (command) によって一方当事者に法的義務または責務 (duty or obligation)[35)] が課せられ、それに相関する形で他方当事者に法的権利が付与されるとする[36)]。ホランドは、法的権利には国家の権能によって強制される法的義務が相関するとする[37)]。

---

32) 1790-1859. 分析法理学の伝統の創始者。1826 年に新設のロンドン大学の法理学担当教授に就任し、ドイツ留学後、1828 年から講義を開始したが、1832 年に辞任。主著として *The Province of Jurisprudence Determined* (1832)；*Lectures on Jurisprudence or the Philosophy of Positive Law* (1863) がある。

33) 1829-1914. 弁護士、インドでの裁判官実務を経て、オックスフォード大学でインド法を講じた。著書として *Elements of Law* (1871)；*An Introduction to Hindu and Mahommedan Law* (1906) がある。

34) 1835-1926. 国際法・法理学者。オックスフォード大学教授。イギリス分析法理学の代表的学者。*The Elements of Jurisprudence* (1880) は分析法理学を代表する著作とされる。

35) オースティン、マークビーおよびホランドは「責務 (obligation)」を対人権 (right in personam) に相関する義務という意味で用いる (Austin 1885, pp. 33, 45; Markby 1905, p. 104; Holland 1924, p. 243)。

36) Austin 1885, pp. 346-7; Markby 1905, pp. 92-3. ただし、彼らは、相関する権利をもたない絶対的義務 (absolute duty) が存在するとする。動物虐待をしない義務などがその例である (Austin 1885, p. 65; Markby 1905, p. 93)。

37) Holland 1924, p. 87. ホランドは、権利が生じるための要素として①権利者 (person entitled)、②目的物 (object)、③作為または不作為 (act or forbearance)、および④義務者 (person obliged) を挙げる (Holland 1924, pp. 91-2)。ただし、②は常に存在するとは限らない (Holland 1924, p. 93)。

第2節　オースティン、マークビー、ホランド　　41

　彼らは、いくつかの概念が権利と混同されていることを指摘する。そこで
は、自由（liberty）や権能（power）といった概念が権利と対比されている。
　まず、オースティンは、相手方の義務に相関する権利と「責務からの免除
（exemption from obligation）[38]」ないし「法的制約の不存在（absence of Legal
Restraint）[39]」としての自由（liberty）を区別する。たとえば、私が移動する
自由をもつ時、私は自分の法的義務と矛盾することなく移動することができ
る。この時、私は移動しない義務を負っていないので、義務に違反していな
い[40]。オースティンは、このような法的義務を負わない状態を自由と呼んで
権利と区別する[41]。
　また、マークビーはあることをなすまたはなさない能力または権能
（faculty or power）を権利と区別する[42]。たとえば、所有権に基づく、自己
の財産を自由に扱う能力または権能は、所有権者がそのようにすることを妨
げない他者の義務に相関する権利と区別される。このような能力または権能
は、権利が与えられる結果として行使することができるものである。しか
し、権利を能力または権能と同一視することはできないとされる。ただし、
マークビーは、この能力または権能の概念は単にあることをなすまたはなさ
ないことを内容とするとしか述べていない[43]。

38）　Austin 1885, p. 345.
39）　Austin 1885, p. 356.
40）　Austin 1885, p. 275. ただし、次の注 41）参照。マークビーも *Elements of Law* の
　　初版で自由に言及している（Markby 1871, p. 51）。
41）　ただし、オースティンは、権利と自由は結局のところ同義であると結論づける。
　　義務の不存在としての自由が存在しても、それを保護するための（他者に課せられ
　　る、妨害しない義務に相関する）権利が存在しなければ自由は無用の物であり、他
　　方、権利をもつ者は、それを享受するために必要となる、法的責務からの自由をもつ
　　からである（Austin 1885, pp. 274-5, 356）。しかし、ホーフェルドが示しているよう
　　に、自由を伴わない権利も権利を伴わない自由も存在しうる（本章第 6 節 3（2）参
　　照）という点を考慮すると、オースティンの分析は不正確であると言わざるをえな
　　い。
42）　Markby 1905, p. 93.
43）　*Elements of Law* の初版では、それによって自身の権利、義務および責務が影響
　　を受けるところの行為をなす "capacity" および "incapacity" に言及がなされてい
　　る（Markby 1871, p. 60）。

42　　第 2 章　分析法理学における展開 (1)

オースティン、マークビー、およびホランドによる分析は、分析法理学における権利概念分析の端緒を示す点で注目に値する。しかし、彼らの分析は種々の点で不十分なものにとどまっている。たとえば、権利が義務者の行為を内容とするという立場は必ずしも貫徹されていない[44]。権利概念の本格的な分析は、次節以降で検討する論者による分析を俟たなければならない。

第 3 節　ハーン

ハーン（William Edward Hearn）[45] は、法的権利概念の分析において、権利（right）と権能（power）、権利と自由（liberty）を互いに区別した。

1. 命令と法的義務

命令（command）が発せられると、そこから新たな関係が生じる。命令を与える人格は、当該命令が服従されることを期待する。この命令を受け取る側の人格は、命令に服従するかそれに違反するかという選択肢をもつとされる。命令に服する人格は、服従する義務のもとにある。当該人格がその義務に違反する時、当該人格は責任（liability）のもとにある。その責任の性格やその執行の方法、執行される当事者は状況によって異なるが、以下のような一般的事実が残る。すなわち、「命令は義務を含意する。義務の違反は責任を含意する。責任は、それが強制される時、サンクションを含意する[46]」。

---

44)　たとえば、所有権の内容として「占有する権利（right to possess）」、「享受の権利（right of enjoyment）」、「処分の権利（right of disposition）」などに言及がなされる（Holland 1924, pp. 210-1）。しかし、これらの「権利」は権利者側の行為を内容とするものであり、相手方の義務と直接相関する性質のものではない。このような性質のものを「権利」とすることに対しては、ホーフェルドが強い批判を加えている（cf. Hohfeld 1923, p. 40）。

45)　1826-1888. アイルランド出身で、オーストラリアで活躍した政治経済学者・法学者。主著として *Plutology, or the Theory of the Efforts to Satisfy Human Wants*（1863）; *The Government of England*（1867）; *The Theory of Legal Duties and Rights*（1883）がある。

46)　Hearn 1883, p. 53. ハーンはこのように、義務は違反の前にすでに課せられており、その違反の結果として生じるものは義務ではなく責任であることを強調する。

2. 法的権利

　ハーンは権利を、義務を負う者＝被命令者と、義務の履行から利益を得る者との関係によって定式化する。ハーンにおいて、命令と義務、および権利の間の関係性は次のように整理される。

　　ある命令が、ある義務が履行されるべきであるということだけでなく、その履行がある特定の人格または諸人格のクラスの利益のためのものであるべきであるということも要求する場合、新たな関係が生じる。この関係は命令者と被命令者の間だけでなく、被命令者と、その者のために義務が課せられるところの当事者の間でも存在する。この第三者は義務の履行に利害関係をもち、かつ、その義務の違反があった場合に、命令者は第三者の申立てを通告し、第三者に代わって介入することを約束する。このようにして創設された関係は権利と呼ばれる。複数のこのような関係に言及がなされる時、それらは諸権利と呼ばれる。したがって、権利とは、ある一定の種類の命令において生じる関係である[47]。

　このように権利は、被命令者と義務の履行に利害関係を持つ人格の間の関係として位置づけられる。権利はあくまでも、命令の存在を前提として存在するものである。ただし、ハーンによれば、単に命令が存在するだけでは、権利が存在するのには不十分である。権利はある種の命令の帰結であり、この種の命令は命令一般に当てはまるすべてのことに加えて、以下の特徴を有するとされる。すなわち、①当該命令は義務が課せられる人格以外のある特定の人格の利益のために与えられること、および②この義務の違反があった場合に、当該権利が与えられる人格が、当該権利の強制またはその他の適切な救済を、義務を創出した権威に申し立て、そこから得てよい（may）ということである[48]。

---

47)　Hearn 1883, p. 141. このように第三者との関係で与えられる命令に基づく義務は相対的義務（relative duty）、そのような関係なく与えられる命令に基づく義務は絶対的義務（absolute duty）と呼ばれる（Hearn 1883, pp. 56-7）。権利が存在しうるのは、相対的義務が存在する場合に限られる。

48)　Hearn 1883, p. 145.

3. 権能

ハーンは、公務の適法な執行（lawful exercise of official functions）を「権能」と呼び、これを権利と区別する。ハーンはまず、オースティンやミル（John Stuart Mill）の用語法を批判する。オースティンは、第三者（義務者）の存在が権利にとって本質的なものであるとしながら、犯罪者を処罰する裁判官の権利や警察官の権利について語っている[49]。ミルは、公務の執行を権利の中に含めている[50]。これに対し、ハーンは次のように述べることにより、公務の執行を「権能」と呼んで権利と区別することを提案する。

> ……裁判官の権利は、その者のために裁判官が判決を下すところの当事者の権利とは明らかに異なるものである。各々の異なる概念には異なる用語を割り当てるのが便利である。それゆえ、公務の適法な執行のことを権能と呼ぶこと、そして、……権利という用語を、立法者が、権利を創出することによって、それが付与される当事者のアドバンテージを増進することを意図した場合に限定することを私は提案する[51]。

ハーンはこのようにして権利と権能を区別する。権利と権能の区別自体は非常に重要なものだが、ハーンにおける権能概念は、以下の二点で、次節以降で検討する論者の権能概念とは異なる。

第一に、ハーンは、基本的には官吏の行為のみを権能の行使と考えているという点である[52]。次節以降で検討する論者は、官吏による公務の執行に限定せず、私人の行為も権能の行使とみなしている。この点を考慮すると、ハーンにおける権能の用法は、主体の点で、かなり限定されたものである。

第二に、ハーンは権能の行使たる行為が「適法」なものであることを強調しているという点である。たとえば、ある人が一定の場合に犯人を逮捕する権能をもつとする。この時、この権能をもつ者は、「他の状況では、そして

49）　Austin 1885, p. 403.
50）　Mill 1875, pp. 229-30.
51）　Hearn 1883, p. 146.
52）　ただし、cf. Hearn 1883, pp. 146-7.

第3節　ハーン　　45

法による明示の許可がなければ、彼が適法に接触することができなかっただ
ろう諸人格に暴行を加えたり、彼らの自由を制約したりしてよい[53]」。しか
し、本書で着目する権能概念において、その行使のメルクマールとなるの
は、ある行為が適法であることではなく、その行為が有効であること、法的
地位の変化を生じさせることである。

4.　自由

　権利が命令および義務の存在を前提とするのに対し、自由は義務の不存在
を意味するという点で、権利と自由は区別される。

　　権利は制約的義務の不存在とも異なるものであるということにもなる。権利
　が含意するのは積極的な観念であり、単に消極的な観念ではない。権利は、そ
　の強制を要求することを他の人格が授権されている（authorized）ところの、
　ある人格に課せられた義務を含意する。しかし、単なる義務の除去は、必ずし
　もそれ以前に禁止されていた行為をなす権利をある人格に与えるとは限らな
　い。確かに彼はそのような行為を適法にしてよいし、それゆえ彼の行動は正し
　い、または適法であるだろう。すなわち、彼はそれを理由にいかなるサンクシ
　ョンにも服しないだろう。しかしながら、だからといって、彼は権利をもつ、
　あるいは国家が強制するだろうある義務が彼の利益のために他のある人格に課
　せられるということにはならない。それどころか、権利がそれに依存している
　ところの義務の破壊はその権利にとって致命的であるが、義務の破壊は制約か
　ら解放された（freed）人格に新たな権利を付与しない。彼はその限度で支配
　から解放される（liberated）が、このことによって他のいかなる人格も拘束さ
　れはしない[54]。

　ハーンの定義によれば、権利は義務の存在を前提とする。これに対し、自
由は義務の不存在を意味するにすぎず、他の人格の義務を前提としない。あ
る人格がある行為をなさない義務を負っていない、すなわち当該行為をなす
自由をもっているということは、当該人格の権利や他の人格の義務を基礎づ

---

53)　Hearn 1883, p. 151.
54)　Hearn 1883, p. 150.

けない。

　自由と権利の区別から、以下の二つの事例が異なることがわかる[55]。①Ａは道で出会ったあらゆる人の頭を自由に切り落とすことが許されるという法律を主権者が作った場合と、②Ａが金銭債務を支払ってもらう権利をもつ場合である。①の場合、Ａによる殺人行為は謀殺でも故殺でもなく、これらの罪に対する刑罰を規定する法の作用から除外される。この時、Ａは、自身の攻撃に服することを被害者に強制するために裁判所の援助を得ることができない。つまりこの場合、Ａは他人の首を切り落とす自由をもつが、他の誰かに義務が課せられていて、Ａがそれに相関する権利をもつというわけではない。これに対し、②の場合、法は債務を履行することを債務者に強制する。この時、Ａは債務を支払うことを債務者に強制するために、裁判所の援助を得ることができる。この時、Ａは債務者の義務に相関する権利をもつ。

5. 考察

　以上のように、ハーンは権利と権能、自由を互いに区別する。ハーンは権利の概念を命令および義務の存在によって定義する。すなわち、権利者は、命令に基づく義務から利益を得、かつ義務違反があった場合に、当該権利の強制、またはその他の救済を得ることが許される者である。これに対し、権能は官吏による公務の適法な執行であるとされる。また、自由は自身に課せられた義務の不存在を意味するにすぎず、自身の権利や他者の義務の存在を含意しない。このような区別は、権能概念の定式化において不十分な点があるものの、権利、権能、および自由という三つの概念が互いに区別されるということを示している点で、注目に値する。

---

55)　Hearn 1883, pp. 150-1. 原文で"A. B."となっている箇所は、簡略化のため単に"A"としている。

第4節　テリー

　アメリカの法学者テリー（Henry Taylor Terry）[56]はドイツ法学における概念分析とは独立に権利概念の分析を行い[57]、権利概念を対応権（correspondent right）、許容権（permissive right）、被保護権（protected right）、および能力権（facultative right）の四つに分類した[58]。以下、各カテゴリーについて検討する。

1. 対応権

　対応権は相手方の特定の義務と直接一対一で対応（相関）する権利である[59]。法によってある行為をなすことを命令または禁止されている人格は、それをなすまたはなさない義務を負う。そして、あらゆる義務は、当該義務の違反があった場合に科せられるサンクションを引き起こす権能（power）[60]をもつ他の人格に対して負われる[61]。本節3で見るように例外もあるが、権利はこのようにして定まる具体的義務に相関するのが通常である。テリーはこの義務と対応権の相関関係を「法律関係（jural relation）」と呼ぶ[62]。

　テリーは、対応権と義務の相関関係において行為の主体は必ず義務者であるということを強調する。テリーは次のように述べる。

---

56)　1847-1936. 東京帝国大学で教鞭をとった。著書として *The First Principles of Law*（1878）；*Leading Principles of Anglo-American Law*（1884）；*An Elementary Treatise on the Common Law*（1898）がある。

57)　高柳 1948, 137 頁。ただし、ハーゲット（James E. Herget）は、テリーがサヴィニー（Friedrich Carl von Savigny）の『現代ローマ法体系（*System des heutigen Römischen Rechts*）』の仏訳を参照していることを指摘する（Herget 1990, p. 55）。Cf. Terry 1884, pp. 7-8.

58)　高柳 1948, 136-7 頁。各権利の訳語は同書に従っている。

59)　Terry 1884, p. 87.

60)　ここで用いられている「権能」は、本節4で検討する能力権の一種としての権能とは異なる意味で用いられているものと思われる。

61)　Terry 1884, p. 84.

62)　Terry 1884, p. 90.

48 　第 2 章　分析法理学における展開 (1)

その〔＝対応権の〕内容は、……他方当事者によってなされるべき、または
なされるべきでない行為である。もし A が B に対して、B に金銭を支払う義
務を負っているならば、B は金銭を支払ってもらう権利をもつ。もし A が B
の土地に立ち入らない義務を負っているならば、B は、A が立ち入るべきでな
いという権利をもつ。この種の権利は行使されえない。権利を行使すること
は、権利の保持者が権利の内容を形成する行為をなすこと、またはなすことを
差し控えることを意味する。しかし、ここでは定義上（*ex definitione*）、その
行為は他方当事者によってなされる、または差し控えられるべきものであ
る[63]。

このように、対応権と義務の相関関係においては、当該対応権ないし義務
の内容は常に義務者の行為となる。権利者の行為を内容とするような権利
——後述する許容権および能力権がこれに当たる——は、この点で対応権と
区別される。

2.　許容権

許容権は、ある人格がある行為をなすまたはなさない義務を負っていない
場合の、当該人格の法的地位を表す権利である。ある行為をなすことがある
人格に禁止も命令もされていない時、当該人格は当該行為をなすまたはなさ
ない権利をもつと言われる。この権利が許容権である。許容権は義務を負っ
ていないという状態である[64]。たとえば、ある人格が「海で魚釣りをする権
利をもつ」と言われる場合の「権利」は、許容権の意味で用いられている。
当該人格の「権利」は、当該人格が海で魚釣りをすることを法が禁止してい
ないということ、すなわち、当該人格が海で魚釣りをしない義務を負ってい
ないということを意味する[65]。

テリーは許容権と対応権の区別を強調する。許容権は以下の二点で対応権
と区別される。

---

63)　Terry 1924, p. 124.
64)　Terry 1884, p. 90.
65)　Terry 1898, p. 150.

第一に、許容権の内容は権利者の行為であるという点である[66]。上述の例では、許容権の内容は「海で魚釣りをする」という権利者の行為である。対応権の内容が義務者の行為であるのに対し、許容権においては、相手方の行為は問題とならない。

第二に、許容権に相手方の義務は相関しないという点である[67]。許容権は、自身に義務が課せられていないことを意味するだけであり、相手方の義務を含意するものではない[68]。たとえば、ある物の所有者はその物を使用する許容権をもつ。この所有者は、他人によってその物を盗まれたり、破壊されたりして物の使用を妨げられるかもしれない。この時、侵害されるのは許容権ではなく、別の種類の権利——次に述べる被保護権——であるとされる[69]。ここで物の使用が妨げられたからといって、許容権によって表現される権利者の地位は変わらない。すなわち、「その物を使用することが許されている＝その物を使用しない義務を負っていない」という権利者の地位は、妨害の前後において変化していない。

3. 被保護権

被保護権は、個人の安全、名誉、財産といった、保護されている事実の状態（states of fact）を内容とする権利である[70]。たとえば、ある人格の身体の状態は法によって保護される。テリーは、このような事実の状態に対する保護が、他の権利とは区別される独立の権利のカテゴリーを形成するとする。

テリーによれば、被保護権においては、いかなる特定の権利と特定の義務が対応するかを定める一般的ルールは存在しない[71]。類似の義務が異なる権

---

66) Terry 1903, p. 189; 1924, p. 124. ただし、正確には、許容権の内容は行為それ自体ではなく、「行為が許されていること＝行為が禁止されていないこと」である。

67) Terry 1903, p. 189; 1924, p. 124. ハーゲットは許容権に義務が相関するとしている（Herget 1990, p. 61）が、これは誤りである。

68) Terry 1903, p. 189; 1924, p. 125. この点に関連してテリーは、「許容権は侵害されえない」と述べる。

69) Terry 1903, p. 189; 1924, p. 125.

70) Terry 1903, p. 194; 1924, p. 125.

50   第2章　分析法理学における展開 (1)

利を保護するかもしれないし、類似の権利が多数の異なる義務によって保護されるかもしれない。テリーは次のような例を挙げる[72]。Aが、羊を殺す傾向をもつ大型犬の飼主で、その傾向を知っているとし、BがAの隣人で羊の飼主であるとする。この時、AはBに対し、犬が羊を殺さないようにする義務を負い、Bは、犬が羊を殺さないようにしてもらうという対応権をもつ。ここでは、権利者（B）、義務者（A）、および行為の内容（Aが、犬がB所有の羊を殺さないようにすること）が確定している法律関係（＝対応権と義務の相関関係）が存在する。しかし、この法律関係は、Bが羊を飼うという事実と、Aが犬を飼うという事実がなければ存在しえない。たとえば、Bが羊を飼っているが、Aが犬を飼っていない場合、上述のような法律関係は存在しない（他の法律関係、たとえばAがB所有の羊を盗まないことを内容とする対応権と義務の相関関係は存在する）。そのような法律関係は、Aが犬を得るという事実によって生じる。この時、Aが犬を得るという事実によって、Bの対応権は増大している。一方、Bの被保護権は増大していない[73]。なぜなら、Aが犬を得ていない時点でも、羊に対するBの財産権の保護を内容とする被保護権はすでに存在しているからである。ここでは、羊に対するBの財産権を保護するためにAやその他の人格に課せられる義務を一意的に決定するルールは存在しないとされる。Aの義務は、Aが犬を得るという事実の前後で変化している。このような場合、義務者のなすべきまたはなすべきでない行為は、権利者と義務者の両方の側の権利授与事実（investitive facts）の集合の全体が存在するまでは、すなわちすべての法律関係が現れるまでは知ることができない。その一方で、被保護権は、権利者側の権利授与事実の集合だけから描かれざるをえない。それゆえ、被保護権の内容は義務者の行為ではありえず[74]、保護された事実の状態であるとされる。

---

71)　Terry 1884, p. 97; 1903, p. 195; 1924, p. 126.
72)　Terry 1884, pp. 92-3.
73)　Terry 1884, pp. 93-4.
74)　Terry 1884, p. 95.

第 4 節　テリー　　51

　しかし、このような被保護権を独立の権利のカテゴリーとすることに対しては、被保護権は権利ではなく、狭義の権利（テリーの用語では対応権）の目的物にすぎないというサーモンドによる批判がある。生命、名誉、自由、財産、家族関係といったものは、ある人格がそれらに対して利益をもつものである。しかし、その人格がそれらに対して利益をもつというだけでは、その人格が権利をもつとは言えず、法が他の人格に義務を課すことによってその利益を保護してはじめて、その人格は権利をもつと言える[75]。

4. 能力権

　能力権は、「そのような権能（power）がなければ、当該人格がなすことが法的に不可能であるだろうところの、あることをなす権能[76]」である。この能力権の中に「権能」と呼ばれるものが含まれる[77]。権利帰属者指名権（power of appointment）[78] や、詐欺的な合意を取り消す権能[79] などが、権能の例である。

　能力権に義務は相関しないという点で、能力権は対応権と区別される[80]。能力権は権利者によって行使されるものであり、他者が権利者に対して何らかの義務を負うわけではない。

　さらに、能力権と許容権は次の点で区別される。すなわち、能力権は、ある法的帰結を発生させることが法的に可能であるための条件であるのに対し、許容権は、ある行為が適法であるための条件であるという点である。テリーは次のように述べる。

　　　これらの権利〔＝能力権〕は、以下の点で許容権とは異なる。すなわち、許
　　容権は、許可がなくてもなすことは可能であるだろうが、それは違法であるか

75）　Salmond 1907, p. 195 n. 3.
76）　Terry 1924, p. 127.
77）　裁判所の援助を得ることなく、権能保持者の法律行為（juristic act）によって行
　　使されうるものが「権能」と呼ばれる。これに対し、司法手続によって執行または強
　　制されなければならないものは "charge" と呼ばれる（Terry 1884, p. 101）。
78）　Terry 1884, p. 100; 1903, p. 196; 1924, p. 127.

52　第2章　分析法理学における展開 (1)

もしれないあることをなす権利である一方、能力権は、それがなければ、行為者が生み出すことが不可能であるだろう法的帰結を生み出す権利である[81]。

　能力権と許容権の区別は次のような例で際立つ[82]。もしAが土地をBに譲渡する契約を締結し、その後Aが当該契約に違反して当該土地をCに譲渡するならば、Cは有効に権原を取得する。すなわち、AはCに土地を譲渡すべきでない（ought not）が、譲渡することができる（can）。この時、Aは、Bとの関係では、土地をCに譲渡しない義務を負うという意味で、土地をCに譲渡する許容権をもたない。他方で、Aは、Cに有効に土地を譲渡することができるという意味で、土地をCに譲渡する能力権をもつ。このように、義務の不存在としての許容権と法的に有効に行為する権利としての能力権は、互いに区別される。

5. 考察

　テリーは権利を対応権、許容権、被保護権、および能力権という四つのカテゴリーに分類した。大まかに言うと、このうち対応権、許容権、および能力権は、それぞれ後の分析法理学の用語における（狭義の）権利ないし請求権、自由ないし特権、および権能に相当する[83]。また、これらの三つのカテゴリーには、それぞれ前章で検討したドイツの議論における（義務に相関するものとしての）権利ないし請求権、許容、および権能ないし法的可能の三つのカテゴリーとの対応も見て取れる。ドイツにおける議論とは一応独立に権利概念に関する包括的考察を行ったという点で、テリーの議論は注目に値する。

---

79)　Terry 1884, p. 528.
80)　Terry 1884, p. 100; 1903, p. 196.
81)　Terry 1924, p. 127.
82)　Terry 1884, pp. 90-1.
83)　Salmond 1907, p. 195 n. 3; Kocourek 1937, p. 205; 高柳 1948, 137 頁。

第5節　サーモンド

　イギリス出身で、主にニュージーランドで活躍した法律家・法学者のサーモンド（Sir John William Salmond）[84] は、一方で分析法理学の成果を受け継ぎつつ、他方で大陸ヨーロッパの文献を参照しながら権利概念の分析を行い[85]、広義の権利の四つのカテゴリーに相関概念を与え、これらの概念間の相互関係を明示した。

1.　基本的立場

　サーモンドは、「法の具体的細部の基礎として役立つより根本的な諸概念および諸原理」を理論的法理学（theoretical jurisprudence）の主題とし[86]、「様々なクラスへの権利の分類を含む法的権利の概念の分析」を理論的法理学が取り組む事柄の一つに挙げている[87]。本節ではこの法的権利概念の分析

---

84)　1862-1924. アデレード大学（オーストラリア）、ニュージーランド大学教授、ニュージーランド法務次官を経て、ニュージーランド最高裁判所判事。著書として *Essays in Jurisprudence and Legal History*（1891）；*Jurisprudence*（1902）；*The Law of Torts*（1907）；*Principles of the Law of Contracts*（1927、ウィンフィールド（Percey Henry Winfield）との共著）などがある。

　なお、本節では主に *Jurisprudence* の初版（Salmond 1902）に基づいて検討を進める。これは、広義の権利の中での免除（immunity）の位置づけが最も明確なのが初版であるからという理由による。

85)　高柳は、「サー・ジョン・サーモンドは、一面ドイツの一般法学、殊にビアリングの学説を顧み、他面、テリの著作を顧みつつ、……」とする（高柳 1948, 137 頁）。また、パウンド（Roscoe Pound）は、サーモンドが権利概念の分析においてビーアリングの区別を受け入れたとする（Pound 1937, p. 572）。他方、ハーゲットは、サーモンドが *Jurisprudence* の初版（Salmond 1902）でテリーの著作を引用していないことから、サーモンドがアメリカ人の著作に通じていなかったとする（Herget 1990, p. 87 n. 11）。また、ハーゲットは、サーモンドが権利の分類の文脈ではむしろヴィントシャイトに言及していることを指摘する（Herget 1990, p. 91 n. 26）。サーモンドは、ビーアリングの著作（Bierling 1894）を巻末の文献表で挙げるにとどまっている（Salmond 1902, p. 648）。テリーの著作が引用されるようになるのは、*Jurisprudence* の第 2 版（Salmond 1907）以降のことである。

86)　Salmond 1902, p. 5.

54　第2章　分析法理学における展開（1）

を検討するが、その前提として、まずサーモンドにおける法の定義について
触れておく。

　サーモンドは、法的ルールには命令以外のルールも存在するという立場か
ら、命令的ルール（imperative rule）以外のルールの存在を認めない命令説
を批判する。サーモンドは、法を「司法の運営において国家によって認めら
れ、適用される諸原理の統一体[88]」と定義する。そのうえでサーモンドは、
「法は国家の命令であり、それ以上の何物でもないとみな[89]」す命令説を次
のように批判する[90]。

　　国家によって認められた正および不正についての命令的諸ルールは、法の一
　部、それも最も重要な一部を構成するが、それらは法のすべてを構成するわけ
　ではない。法は、命令的諸原理であるか否かにかかわらず、司法の運営におい
　て受容され、適用される諸原理すべてを含む。命令的定義に一致する唯一の法
　的諸ルールは、法的責務（legal obligations）[91]を創出する諸ルールである。も
　っぱらこの種の諸ルールのみからなる法体系はない。すべての高度に発達した
　法の統一体は、これ以外の何らかの目的と内容をもち、それゆえ命令的定義の
　範囲外にある無数の諸原理を含んでいる[92]。

　サーモンドは、命令以外の法的ルールの例として許可的ルール
（permissive rule）を挙げる[93]。たとえば、「魔女術（witchcraft）や異端
（heresy）は犯罪ではない」と宣言するルールなどが許可的ルールの例であ
る。このような許可的ルールは「自由（liberties）を創出するのであり、責
務を創出するのではない[94]」。サーモンドにおいては、このような許可的ル
ールもまた、独立の法的ルールである[95]。

　87）　Salmond 1902, p. 6.
　88）　Salmond 1902, p. 11.
　89）　Salmond 1902, p. 56.
　90）　サーモンドによる命令説批判の詳細については、八木 1977, 197-200 頁参照。
　91）　ここでの「責務」は「義務」と同じ意味で用いられているものと思われる。
　92）　Salmond 1902, p. 57.
　93）　Salmond 1902, pp. 57-8.
　94）　Salmond 1902, p. 58.

第5節　サーモンド　55

　このような法の理解をとると、権利概念を命令に基づく（狭義の）権利に限定する必要はなくなる。実際、サーモンドは命令的ルール以外のルールからも権利を導出し、それに相関する相手方の地位も併せて分析している。

2.　広義の権利の四つのカテゴリーと相関概念

　サーモンドによれば、法的権利（legal right）[96]には広狭二つの意味がある。狭義の権利（right in the strict sense）は「法が……他の人格に義務を課することによって保護する利益[97]」であり、必ず義務が相関する[98]。これに対し、義務が相関するか否かにかかわらず、法的に承認されたあらゆる利益のことを、サーモンドは広義の権利（right in the generic sense）と呼ぶ[99]。広義の権利には、狭義の権利の他に自由（liberty）、権能（power）、および免除（immunity）が含まれる。狭義の権利には相手方の義務が相関する。一方、それ以外のものには義務は相関しない。自由には（自由の相関項としての）責任（liability）が、権能には（権能の相関項としての）責任（liability）が、そして免除には無能力（disability）が、それぞれ相関する。まとめると表2-1のようになる。

---

95)　サーモンドはその他に、命令的ルール以外のルールの例として、「伝聞証拠は証拠にならない」といった裁判手続に関するルールを挙げる（Salmond 1902, p. 58）。また、戒能通弘は、サーモンドがオースティンの主権者、立法府の命令に基づいた法の枠組みを採用しなかった理由として、それによっては「権能付与的ルール」が説明できないという点を挙げる（戒能 2013, 183 頁以下）。

96)　サーモンドは道徳的権利（moral right）と法的権利を区別する（Salmond 1902, pp. 220-1）。以下、単に「権利」と表記する場合には、法的権利を指すものとする。

97)　Salmond 1902, p. 231.

98)　Salmond 1902, p. 223.

99)　Salmond 1902, p. 231. サーモンドが法的権利を定義する際に用いる「利益（interest, benefit）」は、単なる事実概念としての利益とは区別される。ある人格の利益が狭義の権利となるためには他の人格に義務が課せられるという形で法的に承認・保護される必要がある（Salmond 1902, p. 220）。また、その他の広義の権利（自由、権能、免除）も、法のルールによって付与される利益である。

56　第2章　分析法理学における展開（1）

広義の権利——法によって付与されるあらゆる利益
　　1.　権利（狭義）——義務に相関
　　2.　自由——責任に相関
　　3.　権能——責任に相関
　　4.　免除——無能力に相関

　　1.　権利（狭義）——他者が私のためにしなければならない（*must* do）こと
　　2.　自由——私が自分のためにしてよい（*may* do）こと
　　3.　権能——私が他者に対してすることができる（*can* do）こと
　　4.　免除——他者が私に対してすることができない（*can not* do）こと

表2-1　サーモンドにおける権利の分類と相関概念[100]

3.　狭義の権利

　狭義の権利は他の人格に課せられる法的義務から権利者が得る利益[101]であり、相手方の義務がこれに相関する。サーモンドは狭義の権利と義務の必然的な相関関係を強調する。

　　権利と義務は必然的に相関的である。対応する義務なき権利も、対応する権利なき義務も存在しえない……。というのは、あらゆる義務は、ある人格または諸人格に向けられた（*towards*）義務でなければならず、したがって、相関する権利がその人格または諸人格に付与されるからである。そして逆に、あらゆる権利は、ある人格または諸人格に対する（*against*）権利でなければならず、したがって、相関する義務がその人格または諸人格に課せられるからである[102]。

　このように、狭義の権利と義務は必ず相関する。このような立場から、サ

---

100)　Salmond 1902, p. 238. *Jurisprudence* の第2版（Salmond 1907）以降、この表から免除が除外されている（本文中では言及されている）。
　　　高柳は、助動詞を用いた各カテゴリーの表現方法が、サーモンドに対するドイツの一般法学の影響を示唆するものであるとする（高柳 1948, 138 頁）。
101)　Salmond 1902, p. 231.
102)　Salmond 1902, p. 223. 引用文中の「権利」は狭義の権利を意味する。

ーモンドは、相関する権利のない義務の存在を否定する[103]。

狭義の権利の内容は、権利者のために義務者に義務づけられている行為である[104]。たとえば、土地所有者は他の人格に対し、自身による土地の排他的使用を妨げないことを求める狭義の権利をもつ。この時、当該狭義の権利の内容は、所有者による土地の排他的使用を妨げないという義務者の行為である[105]。このように相手方の義務と相関し、義務者の行為を内容とするのが狭義の権利である。

4.　自由

（1）　自身に課せられた法的義務の不存在から得られる利益としての自由

自由は、自身に課せられた法的義務の不存在から得られる利益である[106]。それは法によって妨げられることなく、あることをしてよい（may）ことである。たとえば、「私は自己の物を私の好きなように扱う権利をもつ」と言う場合には、この権利は自由の意味で用いられる[107]。

自由には相手方の責任——自由の相関項としての責任であり、権能の相関項としての責任とは区別される——が相関する[108]。土地に対する侵害者（trespasser）を土地所有者が追い出してもよい場合、侵害者は強制的に追い出される責任を負うとされる[109]。この時、侵害者は、自身を追い出さない

---

103)　Salmond 1902, p. 224.

104)　Salmond 1902, p. 225.

105)　Salmond 1902, p. 225. サーモンドは、狭義の権利の要素として①権利が付与される人格、②相関する義務が課せられる人格、③権利者のために義務者に義務づけられている作為または不作為（act or omission）（＝権利の内容）、④行為または不作為が関係する物（＝権利の目的物（object）または主題（subject matter））、および⑤権原を挙げる（Salmond 1902, pp. 224-5）。

106)　Salmond 1902, p. 231.

107)　Salmond 1902, p. 231.

108)　Salmond 1902, pp. 236-7. サーモンドは、従来は権利侵害行為（wrongdoing）によって生じる訴えおよび訴追の権能に相関する地位を表すものとして用いられていた「責任」の語を、相手方のあらゆる権能および自由に相関する地位を表すものとして用いる（Salmond 1902, p. 237）。

109)　Salmond 1902, p. 236.

58　第2章　分析法理学における展開 (1)

ことを求める狭義の権利を土地所有者に対してもたないという意味で、このような責任を負う。他方、土地所有者は、侵害者を追い出さない義務を負わないという意味で、侵害者を追い出す自由をもつ。

(2)　自由と狭義の権利の区別

そして、サーモンドは自由と狭義の権利を厳格に区別する。狭義の権利が「他の人格が私のためにすべきである（*ought* to do）ことに関係している」のに対し、自由は「私が私自身のためにしてよい（*may* do）ことに関係している[110]」。狭義の権利が相手方の義務に相関するのに対し、自由は相手方の義務には相関しない。また、狭義の権利が命令的ルールに基づくのに対し、自由は許可的ルールに基づく。

この区別に関連して、サーモンドは「あることをなす自由」と「あることをなすことを妨げないことを他の人格に求める狭義の権利」を同一視することを批判する。サーモンドは次のように述べる。

　　法的自由は、実は、ある者が活動をする際に他の人格によって妨げられない法的権利であると言われる。……ところで、たいていの場合、行為する法的自由が、そのように行為することを妨げられない法的権利を伴うということに疑いはない。もし法が私に適法かつ無害な活動の領域を認めるならば、法は通常、同時に、この活動の領域を他者による妨害から保護するよう取り計らう。しかし、そのような場合、実は二つの権利が存在するのであり、単に一つの権利しか存在しないのではない。そして、たとえば自由が、保護する権利（protecting rights）を伴わない例が存在する。私は、他者に課せられるそのような妨げない義務を含まない法的自由をもつかもしれない。もし土地所有者が彼の土地の上を通る許可（licence）を私に与えるならば、権利が自由を意味するという意味において、私はそのようにする権利をもつ。しかし、私に付与される権利が、土地所有者に課せられる義務の相関項であるという意味においては、私はそのようにする権利をもたない。私は彼の土地の上を通る自由または権利をもつが、彼は私を妨げる同等の権利または自由をもつ。許可は、それがなければ違法であるだろうことを適法にすること以外のいかなる効果ももたない[111]。

---

110)　Salmond 1902, p. 232.

第5節　サーモンド　59

このように、サーモンドは自身の義務の不存在に基づく自由と、相手方の義務に相関する狭義の権利を厳格に区別する。許可の例では、「土地所有者の土地の上を通る被許可者（引用文中の『私』）の自由（＝当該土地の上を通らない被許可者の義務の不存在）」と「被許可者が当該土地の上を通ることを土地所有者が妨げないことを求める、被許可者の狭義の権利」が、二つの別個の権利として区別されている。土地所有者が被許可者の立入りを妨げる自由をもつ場合、この区別が意味をもつ。この時、当該土地の上を通る被許可者の自由は存在する。しかし、このような行為を妨げないことを求める、被許可者の狭義の権利（土地所有者の義務）は存在しない。このように、ある行為をなす自由が存在する一方、他の人格に対して自身が当該行為をなすことを妨げないことを求める狭義の権利が存在しない場合もある[112]。この場合、相手方は妨げる自由をもつ。

5. 権能

権能は、有効に（effectively）行為することができる（*can*）ことを意味する[113]。遺言を作成する権利や財産を譲渡する権利、詐欺に基づいて契約を取り消す権利などと言う場合には、権利はこの権能の意味で用いられる。また、訴権（right of action）もこの広義の権利としての権能に含まれる[114]。

権能には相手方の責任――権能の相関項としての責任であり、自由の相関項としての責任とは区別される――が相関する[115]。たとえば、ある人格が契約を取り消す権能をもつ時、相手方は契約を取り消される責任を負う。

権能は、それに相手方の義務が相関しないという点で、狭義の権利から区別される。たとえば、金銭債務の債権者は債務者に対し、支払を求める狭義の権利をもつ。この狭義の権利としての金銭債権は、その回復を求めて訴える権能としての訴権とは区別される。前者が債務者の支払う義務に相関する

---

111)　Salmond 1902, pp. 232-3.
112)　Cf. Campbell 1940, pp. 207-8.
113)　Salmond 1902, p. 234.
114)　Salmond 1902, p. 233.
115)　Salmond 1902, pp. 236-7.

狭義の権利であるのに対し、後者は債務者の訴えられる責任に相関する権能である[116]。債権者の権能それ自体には、債務者の義務は相関しない。債務者の義務に相関するのは、あくまで債権者の狭義の権利である。

　また、自由が「してよい（*may* do）」ことを意味するのに対し、権能は「有効にすることができる（*can* do）」ことを意味するという点で、自由と権能は区別される。ある人格がある行為を有効になす権能をもっているということは、当該人格が当該行為をなす自由をもっているということを必ずしも含意しない。たとえば、土地所有者が合意に反して土地に立ち入る許可を撤回した場合、このような撤回は完全に有効（effectual）である。しかし、それは不法な（wrongful）行為であり、土地所有者は被許可者に対し損害賠償責任を負う。この場合、撤回前の時点で、土地所有者は被許可者に対し、許可を撤回する権能をもっていたが、撤回する自由はもっていなかった[117]。

6. 免除

　免除は、他の人格における権能の不存在から得られる利益である[118]。出訴期間が過ぎて債権者の訴権（＝債権者の権能）が消滅した時に債務者が得る権利や、買主が詐欺に基づいて契約を取り消す権利（＝権能）を失った時に売主が得る権利などがこの免除の例であるとされる[119]。

　免除には相手方の無能力が相関する[120]。無能力とは、権能の不存在のことである。たとえば、契約を取り消す権能を失った買主の地位は、そのような権能をもたないという意味で無能力と表現される。

　免除は、相手方にいかなる義務も課せられていないという点で狭義の権利から区別される。たとえば、時効にかかった金銭債務の債務者がもつ免除は、狭義の権利ではない。債権者に義務が課せられるわけではないからである。債権者は、権能としての訴権をもっていないだけであり、訴えない義務

---

116)　Salmond 1902, p. 234.
117)　Salmond 1902, pp. 234-5 n. 1.
118)　Salmond 1902, p. 235.
119)　Salmond 1902, pp. 235-6.
120)　Salmond 1902, p. 236.

を負っているわけではない[121]。

また、免除は、義務の不存在を意味しないという点で自由から区別される。たとえば、時効にかかった金銭債務の債務者がもつ免除は、債務者の義務の不存在を意味しない。消滅するのは債権者の訴権（＝権能）のみであり、支払をする債務者の義務は依然として存在している[122]。

7. 各概念間の不存在関係

サーモンドは、ある地位が別のある地位の不存在を表すということを指摘している。それは、以下の記述からうかがえる。

　　……私の法的自由は、私自身に課せられる法的義務の不存在から私が得る利益である[123]。

　狭義の権利が他の人格における自由の不存在から得られる利益であるのとまったく同様に、免除は他の人格における権能の不存在から得られる利益である[124]。

　義務は自由の不存在である。無能力は権能の不存在である。責任は権利または免除のいずれかの不存在であり、……[125]。

ここでは、同一人格内および異なる人格間での、各概念間の不存在関係が示されている。まとめると、次のようになる。まず、同一人格内においては、狭義の権利と（自由の相関項としての）責任、自由と義務、権能と無能力、および免除と（権能の相関項としての）責任について、それぞれ一方の存在が他方の不存在を意味する。また、異なる人格間においては、狭義の権利と自由、義務と（自由の相関項としての）責任、権能と免除、および（権能

---

121) Salmond 1902, p. 235.
122) Salmond 1902, p. 235.
123) Salmond 1902, p. 231.
124) Salmond 1902, p. 235.
125) Salmond 1902, p. 236.

の相関項としての）責任と無能力について、それぞれ一方の存在が他方の不存在を意味する[126]。

免除と無能力を、それぞれ（権能の相関項としての）責任と権能の不存在として適切に位置づけた点は、サーモンドの功績である。サーモンドより前にも、自由が義務の不存在を意味するという点は、つとに指摘されてきた。しかし、免除が（権能の相関項としての）責任の不存在を意味し、相手方の無能力に相関するという点には、言及がなされてこなかった。

8. 考察

サーモンドによる分析の成果としては、次の三点が挙げられる[127]。

第一に、広義の権利のカテゴリーの一つとして免除を導入したという点である。従来、自身の義務の不存在（＝相手方の狭義の権利の不存在）に基づく地位は狭義の権利と区別されるべきであるということが多くの論者によって指摘されてきたのに対し、相手方の権能に服さない地位についての考察は十分になされてこなかった。サーモンドはこの地位を免除という用語でもって表し、無能力という相関概念を与えるとともに、独立のカテゴリーとして広義の権利の中に位置づけた。

第二に、広義の権利の各概念に相関する相手方の地位に独立の概念を与えたという点である。前章で考察したドイツの議論や本章前節で考察したテリ

---

126) ただし、権利・義務と自由・責任の間で言い換えをする際には、行為の内容（する／しない）を逆にする必要がある。たとえば、「AはBに対し、1,000ドル支払う義務を負わない」は「AはBに対し、1,000ドル支払わない自由をもつ」と言い換えられる。また、「AはBに対し、BがA所有の甲土地に立ち入らないことを求める権利をもたない」は「AはBに対し、BがA所有の甲土地に立ち入ることに服する（自由の相関概念としての）責任を負う」と言い換えられる。この点については、cf. Williams 1968, pp. 128-32.

　各概念間の相関関係および不存在関係は、Dickey 1971, pp. 60-1; Salmond 1966, pp. 232-3（by P. J. Fitzgerald）において図示・説明されている（ただし、後者の文献では自由の相関項に「無権利（No-right）」、権能の相関項に「従属（Subjection）」という用語が当てられている。無権利は次節で検討するホーフェルドの用語である）。

127) ホーフェルドによる発見であるとされてきた以下の三点が、サーモンドによるものであることを指摘するものとして、Dickey 1971, pp. 59 ff.

一の議論では、狭義の権利に相関する義務以外の、自由や権能に相関する相手方の地位は、それが義務ではないということ以上に分析されることはあまりなかった[128]。サーモンドは、自由および権能に相関する相手方の地位に責任という用語を、免除に相関する相手方の地位に無能力という用語を当て、四つの広義の権利に相関する相手方の地位について、そのすべてに相関概念を与えて分析している。ただし、自由と権能の相関項に「責任」という同一の用語を当てているのには、問題がある。自由と権能が区別されるべきであるということは、サーモンド自身も強調しているところであるから、自由と権能の相関項には異なる用語を当てるべきであった。

　第三に、これらの概念間相互に存在する不存在関係を指摘したという点である。自由が義務の不存在を意味するということは、サーモンドより前の議論の中ですでに指摘されていた。しかし、相関項も含めた不存在関係の明示、および権能やそれに相関する責任の不存在を表す地位の明示は、サーモンドによってはじめてなされたものである。

　これらの成果は、いずれも従来の分析に欠けていたものであり、法律関係概念の分析を大いに進歩させるものであった。サーモンドが定式化した八つ（自由の相関項としての責任と権能の相関項としての責任を別個のものと考えた場合）のカテゴリーに基づく分析は、ホーフェルドに受け継がれ、その後の法律関係分析の基礎となった[129]。

第6節　ホーフェルド

アメリカの法学者ホーフェルド（Wesley Newcomb Hohfeld）[130]は、各概念

---

128)　この例外については、第1章注95）参照。

129)　次節で検討するホーフェルドの分析の大部分がサーモンドに依っていることを指摘するものとして、Dickey 1971; Herget 1990, pp. 104-5; 青井 2007, 180 頁。

130)　1879-1918. スタンフォード大学ロー・スクールおよびイェール大学ロー・スクールで教えた。本節で検討する彼の法律関係分析は、現代に至るまで、法哲学者・道徳哲学者の注目を集めている。

　　根本的法律概念に関する論文は、1913 年および 1917 年に発表されたものである（Hohfeld 1913; 1917）。本書での引用は、主に Hohfeld 1923 から行う。

64　第 2 章　分析法理学における展開（1）

間の相関関係と不存在（否定）関係を明確に図式化した。このような相互関係自体は、基本的にサーモンドが示したものと同一である。ただし、ホーフェルドは法的相関項と法的対立項という図式を導入することにより、相関関係と不存在関係をより明確に提示した。

1.　分析の目的と根本的法律概念

ホーフェルドは、従来の法律関係の分析の問題点が、すべての法律関係を権利と義務に還元する点にあるとする。ホーフェルドは次のように述べる。

> 法律問題の明晰な理解、鋭い言明、および真の解決にとっての最大の障碍の一つは、すべての法律関係が「権利」および「義務」に還元されえ、それゆえ、……極めて複雑な法的利益を分析するという目的にとってさえ、これらのカテゴリーで十分であるという明示的または黙示的仮定からしばしば生じる[131]。

このような障碍を除去するために、ホーフェルドは「それだけで独立の種類をなす（*sui generis*）」根本的法律関係による分析を行う。この根本的法律関係は、権利（right）、義務（duty）、特権（privilege）、無権利（no-right）、権能（power）、責任（liability）、免除（immunity）、および無能力（disability）という八つの概念によって表される。ホーフェルドは、これらの概念を法的対立項（jural opposites）[132]——同一人格における法的地位の不存在関係——および法的相関項（jural correlatives）——二人格間での法的地位の相関関係——として提示する（表2-2）。

---

131)　Hohfeld 1923, p. 35.
132)　「対立項（opposites）」という用語には批判が多い。亀本洋は、「『法的対立項』において『対立』（opposite）という多義的な言葉が使われているが、それは、論理学的に正確にのべれば、『矛盾』または『否定』というべきものである」とする（亀本 2011, 124-5 頁。同様の批判を加えているものとして、Kocourek 1920a, p. 27（1927, p. 364））。レイディン（Max Radin）は「対立項」だけでなく「相関項」という用語にも批判的である（Radin 1938, pp. 1148-50）。この点については、高柳 1948, 154-7 頁参照。

法的対立項 ｛ 権利	特権	権能	免除
無権利	義務	無能力	責任
法的相関項 ｛ 権利	特権	権能	免除
義務	無権利	責任	無能力

表2-2　ホーフェルドにおける法的対立項および法的相関項[133]

　ホーフェルドはこれらの八つの概念について、例を挙げつつ、また対立項および相関項を用いながら説明している。ただ、ホーフェルド自身は、「形式的な定義の試みはまったく無用ではないとしても、常に不満足である[134]」として、各概念に定義を与えていない。八つの概念には「かれの最も忠実な解説者[135]」コービン（Arthur Linton Corbin）が解説と共に定義を与えている。以下、コービンによる定義も適宜参照しつつ、各概念について相関関係ごとに検討する。

2.　権利―義務関係

　ホーフェルドは、「権利」という用語は「義務」の相関項として用いるのが適切であるとする[136]。ホーフェルドは、「権利」という用語がある一定の

---

133)　Hohfeld 1923, pp. 36, 65, 151 n. 33.

134)　Hohfeld 1923, p. 36.

135)　高柳 1948, 145 頁。

136)　Hohfeld 1923, pp. 38, 71-2. ホーフェルドは、この意味における「権利」の最も適切な同義語として「請求権（claim）」の語を挙げる。
　　権利と義務が必ず相関することを前提とするホーフェルドの分析に対しては、権利が義務を基礎づけること、あるいは義務に相関しない権利や権利に相関しない義務が存在することを理由に批判がなされることがある（MacCormick 1977, pp. 205-6; 1982, pp. 161-2; Dias 1985, pp. 26-7）。しかし、ホーフェルドの分析の規約的性格を考慮すれば、こうした批判は当たらないように思われる。つまり、ホーフェルドにおいては、権利と義務は定義上必ず相関するものとされているのであり、経験的データからそうなるとされるわけではない。したがって、反例を挙げて権利と義務の必然的相関を批判するのは、的外れである（Kramer 1998, pp. 24-5; Gottlieb *et al.* 2015, p. 269）。

場合において、後述の特権、権能、または免除の意味で用いられることがあるということを指摘し[137]、そのうえで「権利」という用語の用法を義務の相関項としての用法に限定する。たとえば、「XはYに対し、YがXの土地に立ち入るべきでないという権利をもつ」は「YはXに対し、その場所に立ち入らない義務のもとにある」と同義であり、ここではXの権利とYの義務が相関する[138]。

コービンは、権利を「他者による履行（作為または不作為）を求める強制可能な（enforceable）請求権。それは、社会がBによる作為または不作為を命令し、Aの申立てに応じて、何らかの方法で不服従を罰するだろう場合の、Bに対するAの法律関係である」とし、義務を「それは、社会によって他方の人格Aの利益のために、直ちにまたは将来において、なすまたはなさないことを命令されており、不服従のために社会によって罰せられるだろう、ある人格Bの法律関係である」とする[139]。

3. 特権—無権利関係

（1） 権利—義務関係の不存在としての特権—無権利関係

ある二人格間における特権[140]—無権利関係の存在は、当該人格間における権利—義務関係の不存在を意味する。特権は無権利の相関項であり、義務の対立項である[141]。無権利は特権の相関項であり、権利の対立項である[142]。

---

137) Hohfeld 1923, pp. 36-7.

138) Hohfeld 1923, p. 38.

139) Corbin 1919, p. 167. コービンはこのように、不服従に対するサンクションの存在を権利や義務の定義に含めている。Cf. Hohfeld 1923, pp. 38 n. 32a, 71-2 n. 16.

140) ホーフェルドは、特権の同義語として「自由（liberty）」や「許可（license）」が用いられるとする。しかし、「自由」という用語は、法律関係とは区別される物理的または人格的自由（physical or personal freedom）の意味で用いられやすく、「許可」という用語は、厳密にはある特定の特権を創出するために要求される法律要件該当事実（operative facts）のグループを示唆する用語であるという理由から、ホーフェルドは、「特権」という用語が義務の否定（不存在）を表すのに最も適しているとする（Hohfeld 1923, pp. 42-50）。

141) Hohfeld 1923, pp. 38-9.

142) Corbin 1919, p. 168.

特権をもつ人格が義務を負わない人格であり、無権利をもつ人格が権利をもたない人格である。そして、特権と義務の間での言い換えの際には、行為の内容（する／しない）を逆にする必要がある[143]。たとえば、「X は Y に対し、甲土地に立ち入る特権をもつ」は、「X は Y に対し、甲土地に立ち入らない義務を負わない」と言い換えられる。

　コービンの定義によれば、特権とは、「A が（B に関して）ある一定の事柄について、彼の好きなように、自由に（*free or at liberty*）行為してよい場合、A の行為が B の利益のために社会の命令によって規制されていない場合、および A が、社会がいかなる命令も下していないという理由で、不服従に対するいかなる罰によっても威嚇されていない場合の、B に対する A の法律関係」であり、無権利とは、「その者のために社会が他の者（B）に何も命令しないところの、ある人格（A）の法律関係」である[144]。

　ホーフェルドは、特権―無権利関係にも独立の法律関係としての重要性を認める。特権―無権利関係は単に権利―義務関係の不存在を意味するにすぎず、独立の法律関係とは言えないという立場に対して、ホーフェルドは命令説批判の文脈で次のように反論する。法を命令または命令的ルールのみからなると考えるのは誤りであり、許可する（*permit*）法のルールは、禁止する（*forbid*）法のルールとまったく同様に現実のものである。同様に、法が X に、彼自身と Y の間である一定の行為を許可すると言うことは、法が X に、彼自身と Y の間である一定の行為を禁止すると言うこととまったく同じ程度に、真の法律関係を叙述するものである[145]。

(2)　特権と権利の区別

　テリーやサーモンドと同様に、ホーフェルドも特権と権利の区別を強調する。権利には相手方の義務が相関するのに対し、特権には相手方の無権利が相関し、義務は決して相関しない。たとえば、Y が X の土地に立ち入るべきでないという（Y に対する）X の権利は、立ち入らない（X に対する）Y の

---

143)　Hohfeld 1923, p. 39. Cf. Mullock 1970, pp. 265-7; Williams 1968, pp. 128-32.
144)　Corbin 1919, pp. 167-8.
145)　Hohfeld 1923, p. 48 n. 59. コービンも同様の立場をとる（Corbin 1921a, p. 237）。

68   第2章　分析法理学における展開（1）

義務に相関する。他方、立ち入る（Yに対する）Xの特権は、Xが立ち入る
べきでないという（Xに対する）Yの無権利に相関する。このXの特権に
は、Yのいかなる義務も相関しない[146]。

　この点に関連して、ホーフェルドは、ある一定の行為をなす特権と、当該
行為をなすことを妨げないことを求める権利はまったく異なる法律関係であ
るということを強調する。ホーフェルドは、グレイ（John Chipman Gray）
が挙げる次のような例を引用したうえでこの区別を強調する。

　　　小エビサラダを食べることは私の利益であり、そして、もし私がその対価を
　　支払うことができるならば、法はその利益を保護するだろうし、それゆえ、私
　　が対価を支払ったのは、小エビサラダを食べる私の権利に対してである
　　……[147]。

　この時、ホーフェルドによれば二つのクラスの法律関係が存在する。一つ
目として、引用文中の「私」（以下、Xとする）はA、B、C、Dおよびその
他の者に対して、サラダを食べることに関して特権をもつ。二つ目として、
XはA、B、C、Dおよびその他の者に対して、サラダを食べるという物理
的行為を彼らが妨害すべきでないという権利をもつ。これらの特権と権利は
互いに区別される。Xの特権にはA、B、C、Dおよびその他の者の無権利
が相関し、Xの権利にはA、B、C、Dおよびその他の者の義務が相関す
る[148]。

　これらの二つのクラスの法律関係が完全に異なるものであり、特権と義務
は決して相関しないことを示す根拠として、ホーフェルドは次の二点を挙げ
る。

　第一に、ある行為をなす特権が存在する場合に、当該行為をなすことを妨

---

146)　Hohfeld 1923, p. 39.
147)　Gray 1909, p. 20; Hohfeld 1923, p. 41. グレイは、ある人格の法的権利を「ある人
　　格または諸人格に、ある一定の行為または諸行為をなさしめる、または差し控えさせ
　　るために、彼がもつ権能……」と定義する（Gray 1909, p. 19）。
148)　Hohfeld 1923, p. 41.

第6節　ホーフェルド　69

げないことを求める権利が同時に存在するとは限らないという点である。たとえば、サラダの所有者 X[149] が A に対し、「できるものならサラダを食べてみろ。お前はそうする私の許可をもっているが、お前を妨害しないことに私は同意しない」と言ったとする。この時、A は X に対し、サラダを食べる特権をもつ。しかし、A は X に対し、サラダを食べることを妨害しないことを求める権利はもたない。この時、A がサラダを食べても、A は X のいかなる権利も侵害しない。他方で、X が皿を素早くつかみ、その結果 A が皿の中身を食べられなかったとしても、A のいかなる権利も侵害されていない[150]。

　第二に、ある人格が他の人格に対し、ある行為をなさないことを求める権利をもつ場合に、前者が後者に対し、当該行為をなす特権をもつとは限らないという点である。たとえば、サラダの所有者 X が、自分は決してそのサラダを食べないという契約を Y と締結したとする。この時、X は依然として Y に対し、Y がそのサラダを食べるべきでないという権利をもっている。つまり、Y は X に対し、そのサラダを食べない義務を負っている。他方で、X は Y に対し、そのサラダを食べる特権をもっていない[151]。つまり、X は Y に対し、そのサラダを食べない義務を負っている。

4. 権能—責任関係

(1) 権能—責任関係の性質

ホーフェルドは、法律関係の変化と権能について次のように述べる。

　　所与の法律関係の変化は、（1）一人の人間（または複数の人間）の意思支配（volitional control）のもとにない、ある事実または諸事実の付加から、あるい

---

149)　ホーフェルド自身の説明では、サラダの所有権が A、B、C および D、相手方が X となっている。しかし、以下では、簡略化のため、また前後の説明と平仄を合わせるため、サラダの所有者を X とし、相手方を A とする。それに応じて、原文で「我々」となっている箇所も「私」と言い換えている。

150)　Hohfeld 1923, p. 41.

151)　Hohfeld 1923, p. 42. この点を指摘するものとして、Singer 1982, p. 988. このような契約を締結していない他の人格に対しては、X はサラダを食べる特権をもつ。

70　第2章　分析法理学における展開（1）

は（2）一人または二人以上の人間の意思支配のもとにある、ある事実または諸事実の付加から生じうる。第二の事例のクラスに関して、その意思支配が最も優越するところの人格（または諸人格）は、当該問題に含まれる法律関係の特定の変化を生じさせる（法的）権能をもつと言ってよい[152]。

このように、ホーフェルドにおいては、所与の法律関係を変化させる意思行為を内容とする関係もまた、法律関係の一種とみなされる。そして、相手方の権能に相関する法的地位が責任である。権能は責任の相関項であり、無能力の対立項である[153]。責任は権能の相関項であり、免除の対立項である[154]。

コービンは、権能を「A自身の意思行為（voluntary act）が、BとAの間またはBと第三者の間のいずれかで新たな法律関係を生じさせるだろう場合の、Bに対するAの法律関係」と定義し、責任を「Aが、Bの意思行為によって新たな法律関係の中に引き入れられるかもしれない場合の、Bに対するAの関係」と定義する[155]。コービンによる権能および責任の定義自体はホーフェルドの説明と類似している。ただし、後述するように、コービンは義務違反によって法律関係を生じさせうることも権能に含める。

権能をもつ人格は、権能の行使のために必要な行為をなすことによって、責任を負う人格の法的地位を変化させることができる[156]。以下では、ホーフェルドが挙げる権能の例の一部を紹介する[157]。まず、譲渡は、権能の行使の例である。Xは、彼がもつ利益[158]（権利、権能、免除など）を消滅させ、

---

152)　Hohfeld 1923, pp. 50-1.

153)　Hohfeld 1923, p. 50.

154)　Hohfeld 1923, p. 58.

155)　Corbin 1919, pp. 168-9.

156)　なお、以下に挙げる例では、権能をもつ者は、その権能を行使することによって自身の法的地位をも変化させている。しかし、ホーフェルドはこのような「自分自身に対する権能の行使」、あるいは「同一人格間での権能—責任関係」についてほとんど言及していない。この点については、亀本 2011, 129 頁参照。

157)　Hohfeld 1923, pp. 51-2, 55-7. ホーフェルドが挙げるそれ以外の例については、cf. Hohfeld 1923, pp. 51 ff.

158)　ホーフェルドは、「（法的）利益（（legal) interest）」の語を、諸権利、諸特権、諸

Yにおいて新たな利益を創出する権能をもつ。また、契約の申込み（offer）の承諾（acceptance）も、権能の行使であると考えられる。AがBに、1万ドルで自己の土地を売却する契約を申し込み、Bが承諾するという例を考える。Aによる申込みによって、Bにおいて、A－B間に契約上の債権債務関係（双務契約では、二つの権利－義務関係）を創出する権能が創出される。Bによる承諾は、Aにおいて契約上の債権債務関係を創出する権能の行使である[159]。

　権能と責任の相関関係は、他の法律関係から区別される。ホーフェルドは、特に権能と特権の区別、および責任と義務の区別を強調する。

　まず、権能と特権は、ある権能が存在する場合に、当該権能を行使するために必要な行為をなす特権が存在するとは限らないという点で区別される。ホーフェルドは次のような例を挙げる。すなわち、土地所有者Xが、自身が土地をZに譲渡しないという契約をYと締結した場合である[160]。この時、Xは、有効にZに土地を譲渡することができるという意味で、Yに対する権能——当該土地に関してXがもっている権利、特権、権能、免除などに相関するYの義務、無権利、責任、無能力などを消滅させ、Zの権利、特権、権能、免除などに相関するYの義務、無権利、責任、無能力などを創出する権能——をもつ。しかし、Xは、Yとの関係においては、当該権能を行使するために必要な行為をなす特権をもたない。すなわち、XはY

権能、および諸免除の複合的な総体を意味するものとして用いる（cf. Hohfeld 1923, p. 96）。

159)　ホーフェルドがAによる申込みをAによる権能の行使と考えていたか否か——すなわち、申込み前に、Bに本文で述べたような権能を付与する権能をAがもっていると考えていたか否か——については、見解が分かれる。ホーフェルド自身は、Aによる申込みが権能の行使であるとは述べていない。また、コービンは承諾を権能の行使とする一方、申込みについては単に行為（act）とするのみで、権能の行使としてはいない（Corbin 1917, p. 171）。申込者（申込人）がこのような権能をもっているとするものとして、亀本 2011, 133頁。反対に、この点について否定的に解するものとして、Hislop 1967, pp. 63-4.

　　ちなみに、次章で検討するコクーレクやゴーブルは、申込者は申込み前にこのような権能をもっていると考える（Kocourek 1927, pp. 72, 102, 103; Goble 1935, p. 535）。

160)　Hohfeld 1923, p. 58.

に対し、当該権能を行使するために必要な行為をなさない義務を負っており、そのような行為をなすことは義務違反となる。

また、ホーフェルドは「責任」という用語を「義務」や「責務（obligation）」の同義語として用いることを批判し、責任と義務の間の区別を強調する[161]。責任は相手方の権能の行使によって自身の法的地位を変化させられる地位のことである。たとえ相手方の権能の行使によって自身において義務が創出されるとしても、権能の行使の結果生じる義務と、この権能自体に相関する責任は異なる法的地位である。たとえば、Bに対するAの契約上の義務——これにはBの権利が相関する——と、申込みの相手方Bの権能の行使による当該義務の発生に服する、申込者Aの責任——これにはBの権能が相関する——は異なる法的地位である。

(2) 権能と義務違反

このように定式化される権能概念については、所与の法律関係を変化させる意思行為のうち、いかなるものが権能の行使であるかが問題となる。ここでは義務違反が権能の行使とみなされうるか否かという点について検討する。その際には、次の二つの論点が区別される。すなわち、①ある権能の行使が、義務の違反を伴うが、それでも有効な権能の行使と認められる場合があるかどうかという論点と、②義務違反によって所与の法律関係を変化させること自体が、権能の行使とみなされるかどうかという論点である。

①の論点については、ホーフェルド自身も肯定的に考えていたようである[162]。前述の、Zに土地を譲渡しないYとの契約に違反してZに土地を譲渡するXの権能などはこの例である。これは、ある人格が当該行為をなさない義務を負っている（＝当該行為をなす特権をもたない）が、当該行為をな

---

161) Hohfeld 1923, pp. 58-9.

162) Cf. Hohfeld 1923, pp. 58-9, 104-5. シモンズ（Nigel E. Simmonds）はホーフェルドの権能概念について、権能とそれを行使しない義務が同時に存在する場合があるとする。シモンズは、財産の非所有者が当該財産の権原をたとえば善意有償の譲受人に譲渡する権能をもつが、所有者に対して譲渡しない義務を負っており、当該権能の行使が義務の違反となるという例を挙げる（Simmonds 1998, p. 220; 2001, p. xv; 2013, pp. 301-2）。その他、この点を指摘するものとして、Paton 1972, p. 293; Francisco 1952, p. 99.

第6節　ホーフェルド　　73

すならば、法がその行為を有効な権能の行使として認める場合である。本書でこれまで検討してきた論者の中でも、このような場合を認める者は多い[163]。

　これに対し、②の論点は、ある人格が義務違反によって法的地位を変化させうる場合に、その人格が権能をもつとみなされるかというものである。モーリッツ（Manfred Moritz）による次のような指摘が、問題の所在を端的に示している。

　　……ある人格が行為Hをなす「特権（Privilegium）」をもたない場合（たとえば、当該行為をなすことが当該人格に「禁止されて」いる場合）においてさえ、それにもかかわらず、ホーフェルドの用語法に基づいて、「故意になされた行為が、ある人格の法的状況の変化が生じるという結果をもたらすということが事実であるならば、当該人格は法的状況を変化させる権能（Befugnis）をもっていた」と言わざるをえない。……私がある人格に故意に損害を加えるならば、私は……当該人格の――そして私の――法的状況を変化させた。私がある者に故意に損害を加えるならば、被害者は私に対して請求権（Anspruch）（「権利（Recht）」）を得、私は被害者に対して対応する義務（Pflicht）を負う。このことは、権能についてのホーフェルドの型にまさに合致する。すなわち、私が故意にある人格に損害を加えるならば、そのことによって被害者の法的状況が変化する。当該人格〔＝被害者〕は、それより前には損害賠償を求めるいかなる請求権ももっていなかった（「無権利（Nicht-Recht）」！）が、当該人格は今やこの権利を得た。このことは、ホーフェルドの用語法において、「私は、損害賠償を求める権利を問題となっている人格に与える権能をもつ」と表現されるに違いないだろう[164]。

　AがBに対して不法行為を犯さない義務を負っている場合、Aはその義務に違反して不法行為を犯し、BにおいてAに対する権利を生じさせることができる。このような場合に、AはBに対し、BにおいてAに対する権

---

163)　Brinz 1873, S. 212; Thon 1878, S. 367-8; Bierling 1883, S. 50 Anm. ＊ ; Terry 1884, pp. 90-1; Salmond 1902, pp. 234-5 n. 1.

164)　Moritz 1960, S. 99-100.

74　第 2 章　分析法理学における展開 (1)

利を生じさせる権能をもつ（B は A に対し、このような権能に相関する責任を
負う）と言うべきか否かが問題となる。また、債務不履行によって債権者に
おいて損害賠償請求権（権利）を生じさせる場合なども、この論点で問題と
なりうる。

　ホーフェルド自身がこの論点についてどのように考えていたかについて
は、肯定的に解するものと否定的に解するものがある。

　肯定説には次のようなものがある。コービンは、法的権能は常に法的特権
を伴うとは限らず、それを使用しない義務が存在しうるということを指摘
し、権能の例として、暴行によって、損害賠償を求める二次的権利
（secondary right）を相手方において創出する法的権能を挙げている[165]。ま
た、ホーフェルドの議論をドイツに紹介したデレ（Hans Dölle）は次のよう
に述べている。

　　法秩序が、主体の法的に効果をもつ行動が規範違反的である場合に、法的可
　能（rechtliches Können）の存在を肯定しようとすることが珍しくないだろう
　ということは、容易に明らかになる。……可能の概念をホーフェルドと同程度
　に広く解するならば、このことは、任意の不法行為（*unerlaubte* Handlungen）
　によって、不法行為者にとって不利な法的効果を生じさせる力の承認におい
　て、とりわけ明らかになる。……つまり、実際、許容（Dürfen）なき法的可能
　を想定することは、いかなる困難ももたらさない[166]。

---

165)　Corbin 1919, p. 169. コービンを引き合いに出しつつ、同様の例を挙げているもの
　　として、Francisco 1952, p. 99.
166)　Dölle 1927, S. 497.「法的可能」および「許容」は、それぞれ権能および特権に相
　　当する。この他に、ホーフェルドがこのような権能が存在すると考えていたとするも
　　のとして、Dias 1985, pp. 36-8; Hislop 1967, p. 64; Rainbolt 2006, p. 23. ダイアス（R.
　　W. M. Dias）はホーフェルドの権能概念について、当該権能を行使しない義務と結合
　　している場合を「不法な権能（wrongful power）」とし、それが権能概念に含まれる
　　とする。ただし、これらの文献では、本文で述べた二つの論点の区別はあまり意識さ
　　れていない。たとえばダイアスは、ある権能の行使が義務違反を伴うが、権能の行使
　　自体として有効と認められるということと、不法行為などの義務違反それ自体が権能
　　の行使とみなされるということを区別せずに扱っている。
　　　一方、ラズ（Joseph Raz）は、「法的変更をもたらすすべての意思行為が法的権能
　　の行使であるわけではない」という立場から、ホーフェルドらによる法的権能の説明

第 6 節　ホーフェルド　75

　他方、否定説には次のようなものがある。亀本洋は、X が不法行為によって Y において損害賠償請求権（＝ X に対する Y の権利）を発生させることについて、「Y の損害賠償請求権を発生させる事実は、……意思に関係しない法律要件のクラスに属するとホーフェルドは考えていたのではなかろうか」とする[167]。また、モーリッツは、ホーフェルドによる概念規定から前述のような権能を導くことについて、「このことは、私には『権能』についてのホーフェルドの規定から推論されるように思われるが、ホーフェルド自身は導かない帰結である」とする[168]。

　筆者は、この点について、ホーフェルド解釈としては否定的に解するのがよいと考える。なぜなら、義務の違反（権利の侵害）の結果新たな法律関係が生じる場合に言及する時でも、ホーフェルドは義務の違反を権能の行使として記述してはいないからである。この点を考慮すると、亀本のように解釈するか、あるいはホーフェルド自身はこの点についてあまり意識していなかったと解するのが適切であると思われる。

　ただし、この論点についてどう考えるかは、ホーフェルド解釈としても、それ自体としても、見解の分かれるところである。筆者自身は、こうした権能を認めることに問題はないという立場をとる。また、次章ではこのような権能が存在することを肯定するコクーレクの見解を検討する[169]。

は、犯罪や民事上の権利侵害によって法的状況を変化させることも権能の行使に含まれうる点であまりに広範すぎると批判する（Raz 1972, pp. 80-1. ラズに対する反論として、Kramer 1998, pp. 104-5）。その他、ホーフェルドの権能概念が不法行為による法律関係の変化の場合にも適用されうる点を批判するものとして、Stoljar 1984, pp. 60-1.

[167]　亀本 2011, 130 頁。亀本はその理由について、前述のコービンの理解を引き合いに出しつつ、「コービンのような理解をしても、法律学の習得に資するところは少ないと思われるからである」と述べる（亀本 2010, 92 頁注⑲）。

[168]　Moritz 1960, S. 100. ホーフェルドが権能の概念を、現存する法律関係を「適法に（*legally*）」変化させる能力に限定していたと解するものとして、Ratnapala 2017, p. 378.

[169]　次章第 1 節 4（2）参照。

76　第2章　分析法理学における展開 (1)

5. 免除─無能力関係

　ある二人格間における免除─無能力関係の存在は、当該人格間における権能─責任関係の不存在を意味する（免除をもつ人格が責任を負わず、無能力をもつ人格が権能をもたない）。免除は無能力の相関項であり、責任の対立項である[170]。無能力は免除の相関項であり、権能の対立項である[171]。

　ホーフェルドは次のような例を挙げる。

　　　土地所有者 X は、……Y またはその他のあらゆる通常の当事者に譲渡する権能をもつ。他方で、X は Y、および他のすべての通常の当事者に対して、様々な免除ももつ。というのは、Y は、法的利益を彼自身または関係する第三者のいずれかに移転することに関して、無能力のもとにある（すなわち、権能をもたない）からである[172]。

　X と Y の間の法律関係を見てみると、X は譲渡という行為によって Y およびその他の人格に対する X の法的利益を消滅させ、X およびその他の人格に対する Y の法的利益を創出する、Y に対する権能をもつ。これに対し、Y は譲渡という行為によって、X において同様の法的地位の変化を生じさせることはできない。この時、Y は X に対して権能をもたないという意味で無能力をもち、X は Y に対して責任を負わないという意味で免除をもつ。

　また、「申込者による申込みがなされる前には、相手方は承諾によって、申込者において契約上の債権債務関係を創出する権能をもたない」ということも、免除─無能力関係によって説明することができる。ホーフェルドは、A による申込みと B による承諾を通じた契約上の債権債務関係の発生のプロセスにおいて、当該債権債務関係を生じさせる B の権能は、A による申込みがなされてはじめて創出されるとする。このように構成するならば、A による申込みがなされない限り、B は当該権能をもたないことになる。したがって、A による申込みがなされる前には、B は「自身の承諾によって、A

---

170)　Hohfeld 1923, p. 60.

171)　Corbin 1919, p. 170.

172)　Hohfeld 1923, p. 60.「法的利益」の意味については、本章注 158) 参照。

において契約上の債権債務関係を生じさせる権能をもたない」という意味で無能力をもち、Aは「Bの権能の行使による法的地位の変化に服しない」という意味で免除をもつと言うことができる[173]。

6. 各概念間・各関係間の相互関係

権利と義務、特権と無権利、権能と責任、および免除と無能力の間にはそれぞれ相関関係が存在する。あらゆる法律関係は、二人格間におけるこれらの相関関係のいずれかによって記述される。

そして、権利と無権利、特権と義務、権能と無能力、および免除と責任は、それぞれ一方が存在する場合に他方が存在しないという関係にある。二人格間の法律関係で言うと、権利─義務関係と特権─無権利関係、および権能─責任関係と免除─無能力関係は、それぞれ一方が存在する場合に他方が存在しないという関係にある[174]。

このような相関関係および不存在関係は、基本的にはサーモンドが示したものと同じと言ってよい[175]。ただし、ホーフェルドは特権（サーモンドにおける自由）と権能に異なる相関概念を与え、そして各概念間の相互関係を法的相関項および法的対立項という形でより明確に表現した。

7. 考察

本書の問題関心からは、ホーフェルドの法律関係論の特徴として次の三点を挙げることができる。

第一に、八つの概念の間にある相関関係と不存在関係を、法的相関項および法的対立項という形で明確化したという点である。サーモンドが発見した相関関係および不存在関係を、ホーフェルドはより明確な形で提示した。ホーフェルドによる法律関係分析は、法律関係論や権利論におけるその後の議

---

173) ホーフェルドにおける免除─無能力関係の例としてこのようなものを挙げるものとして、Cullison 1967, p. 569.
174) 義務と特権の間での言い換えの際の留意点については、本章注126) および本節3 (1) 参照。
175) Cf. Dickey 1971, pp. 61-3.

78　第2章　分析法理学における展開（1）

論の基礎を提供した。

　第二に、権能の領域——権能、責任、免除、および無能力——が、義務の領域——権利、義務、特権、および無権利——に還元されえない独自の領域を形成するものとされているという点である。ホーフェルド自身が明言しているわけではないが、上で示した各概念間の相互関係から、義務の領域と権能の領域が相互に独立のものとして扱われていることがわかる。

　そして第三に、ホーフェルドは、権利の分類ではなく、法律関係の分類として自身の図式を提示しているという点である。確かに、ホーフェルドの議論は、本章で検討してきた論者、とりわけテリーやサーモンドによる権利概念分析の上に成り立っている。また、ホーフェルドの問題意識が、「権利」（および「義務」）という用語の従来の用法を批判するという点にあったということも間違いない。しかしながら、ホーフェルド自身としては、権利を（義務に相関する）権利、特権、権能、および免除に分類して、これらを広義の権利として扱うということはしていない。むしろホーフェルドは権利の用法を義務の相関項に限定し、特権や権能や免除が権利とは異なるものであるということを強調している。この点を顧慮すると、ホーフェルドの図式は権利の分類ではなく、あくまで法律関係（legal relation, jural relation）の分類として参照されるべきであると筆者は考える[176]。

第7節　小括

1.　成果

　ここまで、ベンサムからホーフェルドまでの分析法理学における権利概念ないし法律関係の分析を検討してきた。本章における議論の成果は以下の三点にまとめることができる。

　第一に、権能─責任関係の不存在としての免除─無能力関係が独立の法律関係として考慮されるようになったという点である。権能の不存在としての無能力、および（権能に相関する）責任の不存在としての免除はサーモンド

---

176)　亀本 2017a, 93 頁。

によって導入され、ホーフェルドに受け継がれた。

第二に、法的地位を表す各概念間の相関関係と不存在関係が明示されたという点である。これもサーモンドが指摘し、ホーフェルドが法的相関項および法的対立項として明確化した。前章で検討したドイツの議論や本章第4節で検討したテリーの議論では、自由や権能に義務が相関しないという点や、自由が義務の不存在を意味するという点が指摘されるにとどまった。サーモンドは広義の権利の各概念に相関概念を与え、各概念間の不存在関係を指摘した。そして、ホーフェルドはこの相関関係と不存在関係を、法的相関項および法的対立項という形でより明確化した。

第三に、権能の領域が義務の領域から独立し、独自のカテゴリーを形成したという点である。命令説を基調とした議論では、権能は命令との関連で言及されるにすぎず、副次的重要性しか与えられなかった。これに対し、サーモンドは命令的ルール以外のルールの存在を認め、権能および免除を広義の権利の一つとした。そして、ホーフェルドは権能の領域を義務の領域とは独立のものとして扱った。この意味で、ホーフェルドにおいて義務の領域と権能の領域が二つの独立の領域として並立するようになったと言える。

2. 残る疑問

しかし、ホーフェルドの八つの概念をすべて根本的概念としてよいかどうかという点については、議論の余地がある。ホーフェルドは、これらの概念はすべて根本的で、相互に還元不可能であるものであるとするが、そうであることの積極的な論拠を提示してはいない。たとえば、高柳賢三は次のように述べる。

> ホーフェルディアン・システイムにおいては、八つの概念が基本的なものとして選出、配列せられている。然しながらホーフェルドは基本的な概念がこの八つに限定せられねばならぬ理論的基礎を充分明らかにしてはいないのである。それら八つの概念は、仮令いずれもみな、法律的思惟において経験的に見出されうる概念であることを認めるとしても、それらの概念がすべてみな基本的なものとして、選び出さるべきであるかどうかは明らかにされていない[177]。

80 第2章 分析法理学における展開 (1)

　もし、ホーフェルドの概念のうちの一部が他の概念に還元されうるとすれば、それはホーフェルドが言う意味での根本的概念とは言えなくなる。次章では、特に義務の領域と権能の領域の相互関係という観点から、この疑問を考える際に有用な分析を提供している三人の論者、コクーレク、ハイルマンおよびゴーブルの議論を検討する。

---

177)　高柳 1948, 169 頁。

第3章　分析法理学における展開（2）

　前章では、ホーフェルドに至るまでの分析法理学における概念分析を検討した。そこでは、義務の領域と権能の領域が独立の領域を形成するということが、到達点として示された。そして、前章の最後で、ホーフェルドの八つの概念が本当にすべて根本的な概念であるのかという疑問を提示した。

　本章では、法律関係の記述における権能概念ないし権能―責任関係の役割の拡張という観点から、この疑問を考察する際に有用な示唆を提供するものとして、アメリカの三人の論者、コクーレク、ハイルマンおよびゴーブルの法律関係論を扱う。彼らの議論を検討する際には、特に二つの点に注目する。それは、①権能概念の拡張、および②義務の領域と権能の領域の相互関係の二点である。①については、コクーレクが権能概念に関する重要な拡張を施している。②については、ホーフェルドの分析において権能が中心的役割を果たすとするハイルマンと、ホーフェルドにおける八つの概念はすべて権能および責任の存在・不存在に還元されうるとするゴーブルの議論が注目に値する。

　彼らの分析は、「法律関係の分析においてより基礎的な概念は何か」という点について極めて重要な示唆を与えるものである。彼らの議論は他の論者、たとえばホーフェルドの議論と比べて注目度は低い。しかし、彼らの議論は上の二点について考察する際に必要不可欠な洞察を与えていると筆者は考える。そこで、三人の法律関係論について独立の章を設けて検討することにする。

第1節　コクーレク

　コクーレク（Albert Kocourek）[1]は、ホーフェルドの法律関係論に対する

82   第3章　分析法理学における展開 (2)

批判に基づきつつ、独自の体系を構築した。コクーレクの法律関係論の中で筆者が注目するのは、法律関係とその変化のプロセスの記述において、権能概念ないし権能―責任関係に大きな役割が与えられているという点である。このことは主に、コクーレクが、義務の履行や義務違反も権能の行使とみなしている点に由来する。本節ではこの点に注目しつつ、コクーレクの法律関係論の主要部分について検討する。ただし、「尨大、詳細な、しかし表面上はやや複雑怪奇の印象を与える[2]」とも評されるコクーレクの法律関係論のすべてをここで扱うことはできない。ここでは、本書の問題関心に関連する限りで、その骨子を検討する。

1.　基本的立場

コクーレクは、拘束（constraint）が存在しなければ、法律関係は存在しえないとする[3]。コクーレクにおける拘束は、後述する二種類の根本的法律関係——請求権（claim）[4]―義務関係および権能―責任関係——に応じて、次の二つの意味で用いられる。請求権―義務関係においては、義務を負う人格に対し、法が一定の行為を命令する、ないし義務が履行されなければならない（must）という意味で拘束が存在する[5]。一方、権能―責任関係においては、権能が行使された場合の、責任を負う人格の自由の制限または法律関係の変化という意味で拘束が存在する[6]。

これに対し、ホーフェルドにおける特権―無権利関係および免除―無能力関係を、コクーレクは法律関係とはみなさない。これらの関係は、それぞれ請求権―義務関係および権能―責任関係の不存在を意味し、上で述べたような拘束を含まない。したがって、拘束を法律関係が存在するための条件とす

---

1)　1875-1952. ノースウェスタン大学教授。著書として *Jural Relations*（1927）；*An Introduction to the Science of Law*（1930）がある。

2)　高柳 1948, 128 頁。

3)　Kocourek 1921a, p. 215.

4)　コクーレクは義務の相関項として「請求権（claim）」の語を用いる。

5)　Kocourek 1930, pp. 247-50.

6)　Cf. Kocourek 1927, p. 22.

第1節　コクーレク　　83

るコクーレクの立場からは、これらの関係は法律関係ではないとされる[7]。

7)　ホーフェルドにおける特権―無権利関係および免除―無能力関係が法律関係であ
るか否かという点は、コクーレクとホーフェルド支持者の間で論争が繰り広げられた
論点である（以下の論争の概観として、cf. Herget 1990, pp. 107-13; Singer 1982, pp.
989-93; 高柳 1948, 168-80 頁）。コクーレクによるホーフェルド批判として、cf.
Kocourek 1920a; 1920b; 1921a, pp. 215-6.「拘束」という要素に関連する批判の要点
は、次のようなものである（なお、「拘束」以外の観点からも、コクーレクはホーフ
ェルドおよびその支持者に対する批判を加えているが、ここでは省略する）。権利―
義務関係（コクーレクの用語法では請求権―義務関係）と権能―責任関係は拘束を含
む関係である。前者は、法が義務を負う人格に対し、一定の行為をなすことを命令す
るという点で拘束を含み、後者は、権能が行使された場合の、責任を負う人格の自由
の制限または法律関係の変化という点で拘束を含む。それに対し、これらの関係の不
存在を意味する、ホーフェルド的意味における特権―無権利関係および免除―無能力
関係は、拘束を含まないため、法律関係ではない。
　　このようなコクーレクの批判に対しては、ホーフェルド支持者によって反論がなさ
れている。コービンはホーフェルドの立場を支持し、次のような理由から、特権―無
権利関係および免除―無能力関係も法律関係であると反論する。社会は命令する
（command）だけでなく、許可し（permit）、権能を付与し（enable）、権能を失わせ
る（disable）のであり、これらのルールも法的ルールに含まれる（Corbin 1921a, pp.
236-7; 1921b, p. 613）。存在する状況を法律関係にするのは、それが社会の行動を決
定するということである。その際、社会の行動がいかなるものであるか、それが作為
であるか不作為であるかは重要ではない（Corbin 1922, p. 50）。
　　また、この当時はホーフェルド支持者であったゴーブルは、法の本質を強制ではな
く、裁判所の権限の中に適切に入ることであるという立場から、コクーレクを批判す
る。ゴーブルは、権利―義務関係および権能―責任関係を肯定的法律関係
（affirmative legal relation）、特権―無権利関係および免除―無能力関係を否定的法律
関係（negative legal relation）と呼び、否定的法律関係が存在するとする判決も、
肯定的法律関係が存在するとする判決と同様に、法の諸原理に基づいて裁判所によっ
て下されるものであるから、否定的法律関係も法の領域に含まれるとする（Goble
1922a, pp. 95 ff. なお、ゴーブルは、否定的法律関係においても、拘束が存在すると
する（Goble 1922a, pp. 104-5）。しかし、これに対しては、ホーフェルドの元々の立
場と一致しないという批判がある（Clark 1922, p. 31））。
　　その後、コクーレクによる反論およびゴーブルによる再反論がなされるなど、この
点については激しい論争が繰り広げられた（cf. Kocourek 1921b; 1922; 1923a, p. 516;
1923b; 1923c, p. 237; Goble 1922b, 1924）。コービン、ゴーブルの他、ホーフェルドに
おける特権―無権利関係および免除―無能力関係を法律関係として認めることを支持
するものとして、Clark 1922. これに対し、ホーフェルドにおける特権―無権利関係
および免除―無能力関係が根本的法律関係であることを否定するものとして、
Dainow 1934, pp. 273-6. コクーレクと同様に、「法律関係は法による拘束の領域内に
存在する」という立場から、請求権―義務関係および権能―責任関係のみを根本的法

84　第3章　分析法理学における展開 (2)

たとえば、甲土地の所有者Aが甲土地に立ち入ってよい場合、Aは他の人格に対して、甲土地に立ち入らない義務を負わない。この時、ホーフェルドによれば、Aと他の人格の間には、Aが甲土地に立ち入ることに関する特権—無権利関係という法律関係が存在するとされる。これに対しコクーレクは、このような場合、Aは甲土地に立ち入る行為に関して他の人格との法律関係の中に入っていないとする[8]。このような拘束を含まない行為の領域は、自由 (freedom) の領域であり、自由は法の領域の中に入らない[9]。また、Xが所有者Oの権原を譲渡する権能をもたない場合、XとOの間には、Xが当該権原を譲渡することによってOの法的地位を変化させることを内容とする権能—責任関係の不存在という状況がある。この時、ホーフェルドによれば、O—X間には免除—無能力関係という法律関係が存在する（OはXに対して免除をもつ）とされる。これに対しコクーレクは、Xの行為の周囲にはいかなる法律関係も形成されえないとする[10]。

2.　法律関係の要素と種類

　コクーレクは法律関係の要素として①二つの人格、および②一つの行為 (act) を挙げる[11]。あらゆる法律関係は、例外なくこの二つの要素から構成される。あらゆる法律関係は主者 (dominus) ――請求権、権能、免除、特権（これらを総称して「権利 (right)」と言う[12]）をもつ人格[13]――と従者 (servus) ――義務、責任、無能力、不能 (inability)（これらを総称して「羈束

　律関係とみなし、これらの不存在に基づく関係（ホーフェルドにおける特権—無権利関係および免除—無能力関係）が非法的な自由の領域に存するとするものとして、Philbrick 1939, pp. 11-4.

8)　Kocourek 1927, p. 98.

9)　Kocourek 1930, p. 250.

10)　Kocourek 1927, p. 92.

11)　Kocourek 1930, p. 273. なお、別の箇所では、この二要素に加えて、第三の要素として「行為の結果として生じる一定の法的効果」(Kocourek 1927, p. 19)、または「法によって援助された拘束」(Kocourek 1921b, p. 614 (1927, p. 377)) が挙げられている。

12)　Kocourek 1927, p. 441.

13)　Kocourek 1927, p. 431.

（ligation)」と言う[14]）をもつ人格[15]――の法的地位の相関関係である。そして、法律関係は必ず一つの行為をその内容として含む。

　コクーレクにおける根本的法律関係は、①請求権―義務関係および②権能―責任関係の二つである[16]。コクーレクはそれ以外にも、法律関係として免除―無能力関係および特権―不能関係を挙げる。しかし、コクーレクにおけるこれらの関係は、ホーフェルドにおける免除―無能力関係および特権―無権利関係とはまったく異なるものである。これらの関係はそれぞれ請求権―義務関係および権能―責任関係と互換的な（reciprocal）派生的法律関係にすぎない[17]。詳細は省略するが、免除―無能力関係と特権―不能関係は、それぞれ請求権―義務関係と権能―責任関係によって言い換えることができる[18]。コクーレクは、「理論上は、請求権と免除の間にはいかなる相違も存在しない[19]」、「理論上は、権能と特権の間にはいかなる相違も存在しない[20]」と述べる。つまり、法律関係は実質的に請求権―義務関係と権能―責任関係の二種類ということになる。請求権―義務関係と権能―責任関係であらゆる法的事象を扱うことができ、免除―無能力関係および特権―不能関係は法的事象を記述するために必ずしも必要ではない[21]。以下では、特に必要のない限り、二つの根本的法律関係のみに言及する。また、派生的法律関係に言及する場合でも、それと互換的な根本的法律関係と同じ意味で用いられているものとして扱う。

---

14)　Kocourek 1927, p. 436. コクーレクは特権の相関項として「不能（inability)」の語を用いる。ここでは "ligation" に「羈束」という訳語を当てているが、わが国の行政法学で用いられる「羈束」の概念とは無関係である。

15)　Kocourek 1927, p. 442.

16)　Kocourek 1927, p. 10; 1930, p. 243.

17)　Kocourek 1927, p. 11.

18)　言い換えの方法の詳細については、cf. Kocourek 1930, pp. 252-5.

19)　Kocourek 1927, p. 23. 義務と無能力についても同様である。

20)　Kocourek 1927, p. 24. 責任と不能についても同様である。

21)　Kocourek 1927, p. 84. それにもかかわらずなぜ派生的法律関係を導入する必要があるのかについては、cf. Kocourek 1927, pp. 81-4.

3. 請求権―義務関係

　請求権―義務関係は根本的法律関係の一つであり、ある行為が従者――義務を負う人格――によって主者――請求権をもつ人格――のためになされなければならない（*must*）場合の法律関係である[22]。たとえば、SがDに対して金銭債務を負っている場合、D―S間には請求権―義務関係が存在する。この時、DはSに対し、金銭の支払を求める請求権をもち、SはDに対し、金銭を支払う義務を負う。

　請求権―義務関係の内容をなす行為は、従者、すなわち義務を負う人格の行為である[23]。上の金銭債務の例では、D―S間の請求権―義務関係の内容をなすのは、金銭を支払うというSの積極的行為（positive act）である[24]。また、SがDに対し、Dの身体に危害を加えない義務を負っている場合、D―S間には請求権―義務関係が存在する。この時、D―S間の請求権―義務関係の内容をなすのは、Dの身体に危害を加えないというSの消極的行為（negative act）である[25]。

　この請求権―義務関係の性質として重要なのは、請求権ないし義務はそれ自体では強要しえない（not exigible）という点である[26]。請求権―義務関係の従者は、当該関係の内容をなす行為をなさなければならない。しかし、従者は義務を履行するかもしれないし、履行しないかもしれない。後述するように、請求権―義務関係の従者による義務の履行および不履行は、いずれも権能の行使であるとされる。すなわち、義務が違反されうる場合[27]には、請求権―義務関係の従者は義務を履行する権能とともに履行しない権能（義務に違反する権能）ももっている[28]。請求権―義務関係が存在するだけでは、

22）　Kocourek 1921b, p. 614（1927, p. 377）.

23）　Kocourek 1927, p. 22.

24）　Kocourek 1927, pp. 21-2.

25）　Kocourek 1927, p. 22.

26）　Kocourek 1927, p. 13.

27）　義務を負う人格によって違反されうる法律関係／請求権／義務は「犯されうる関係／請求権／義務（frangible relation/claim/duty）」と呼ばれる（Kocourek 1927, pp. 341-2, 432; 1930, pp. 311-2）。

28）　Kocourek 1927, pp. 13, 65; 1930, p. 323.

義務が履行されることは確実でない。義務が履行されなかった場合には、請求権が侵害された人格、すなわち請求権—義務関係の主者は、従者を裁判所に訴えるなど権能の行使に訴えなければならない[29]。

4. 権能—責任関係

(1) 権能—責任関係の性質

権能—責任関係はもう一つの根本的法律関係であり、主者——権能をもつ人格——が従者——責任を負う人格——に対してある行為をなすことができる（can）場合の法律関係である[30]。権能は「法的効果を伴って（with legal effect）」他者に対して行為するケイパビリティ（capability）であるとされ[31]、権能をもつ人格は、責任を負う人格の自由を制限することまたはその法的地位を変化させることによって、責任を負う人格に対して行為するケイパビリティをもつとされる[32]。たとえば、申込者は申し込む権能を行使することによって、申込みの相手方において承諾する権能を創出することができる。また、申込みの相手方はこの承諾する権能を行使することによって、申込者において義務や請求権などを創出することができる[33]。

権能—責任関係の内容をなす行為は、主者、すなわち権能をもつ人格の行為である。契約の申込みという行為を内容とする権能—責任関係の内容をなす行為は、主者たる申込者の申し込むという行為である。また、申込みの承諾を内容とする権能—責任関係の内容をなす行為は、主者たる申込みの相手

---

29) Kocourek 1927, p. 15.

30) Kocourek 1921b, p. 614（1927, p. 377）.

31) Kocourek 1927, pp. 7-8. コクーレクは "capability" を「権利（right）」の同義語として用いる（Kocourek 1927, p. 79 n. 2）。

32) Cf. Kocourek 1927, p. 22. コクーレクが法的地位の変化と言う時、その意味は必ずしも特定の権利（請求権・権能・特権・免除）または覊束（義務・責任・不能・無能力）の変化に限定されない（たとえば、自然的自由の制約なども含まれる）ように思われる（Kocourek 1930, p. 242）。したがって、本節ではある人格の特定の権利または覊束の変化が生じる場合を、「法律関係の変化」と表現することにする。

33) 申込みと承諾による契約の成立のプロセスについては、cf. Kocourek 1927, pp. 72. 102-4; 1930, p. 267.

88   第3章　分析法理学における展開 (2)

方の、承諾するという行為である。

(2)　権能概念の拡張

「権能概念の拡張」という観点からすると、コクーレクの権能概念ないし権能―責任関係は、次の二点に特徴がある。

第一の特徴は、義務の履行や義務違反も権能の行使（権能―責任関係の「進化 (evolution)[34]」）とみなされるという点である。コクーレクは、法律関係を創出する、変更する、または消滅させる原因としての法的事実 (jural facts) を次のように分類する。

> 法的事実には次のような種類がある。
> (1) 自然における創出的、変更的、および破壊的事象（たとえば、出生、死亡、火災など、時の経過、果実の分離、土地の自然増加 (accretion) など）。
> (2) 義務行為 (duty acts)、すなわち、義務の履行における権能行為 (power acts)（たとえば、履行期の到来した金銭の支払の提供）。
> (3) 反義務行為 (contra-duty acts)、すなわち、義務の違反における権能行為（たとえば、履行期が到来しているのに債務の履行の提供をしないこと、不法行為、犯罪行為）。
> (4) 非義務行為 (non-duty acts)、すなわち、義務の履行におけるものでも義務の違反におけるものでもない権能行為（たとえば、契約の申込み、条件の成就、取消しなど）[35]。

(1) は行為以外の法的事実で、コクーレクが「出来事 (events)」と呼ぶものである。これを除く (2) ～ (4) は、コクーレクが「行為」と呼ぶものである。これらの行為による法律関係の変化は、すべて権能の行使（権能―責任関係の進化）として記述される。この行為の分類と同様に、権能も義務権能 (duty power)、反義務権能 (contra-duty power)、および非義務権能

---

34)　コクーレクは、法律関係の内容である行為がなされることを「進化」と呼ぶ (Kocourek 1927, p. 431)。以下では、権能―責任関係の進化というコクーレクの用語法を、「権能の行使」という一般的な用語法で言い換えることがある。

35)　Kocourek 1927, p. 18. (2) ～ (4) の行為の分類は、義務との関係という観点における行為の分類である。

（non-duty power）に分類される[36]。

　コクーレクは、義務の履行が法律関係を変化させる場合（上記引用文中の
(2) 義務行為がなされること）についても、それが権能の行使（権能—責任関
係の進化）として記述されることを明示している。たとえば、A—B間に、
BがAの庭の鋤仕事をすることを内容とする請求権—義務関係が存在する
とする。この時、BはAに対し、Aの庭の鋤仕事をする義務を負う。そし
て同時に、Bが義務を履行することを内容とするB—A間の権能—責任関係
が存在する（BがAに対し、義務を履行する権能をもつ）。ここでBが当該義
務の履行の提供をすることは、請求権—義務関係の内容をなす行為がなされ
ること、すなわち請求権—義務関係の進化ではなく、Bによる権能の行使、
すなわちBが義務を履行することを内容とするB—A間の権能—責任関係
の進化として記述される[37]。このように、コクーレクにおいて義務の履行
（の提供）は請求権—義務関係の内容をなす行為がなされることではなく、義
務の履行（の提供）をする権能の行使として記述される。コクーレクはこの
点について次のように述べる。

　　ここで、Bの義務は進化しないし、それは進化しえないということが述べら
　れるだろう……。進化するのは、履行の提供をするBの権能である。ここで、
　いかなる〔請求権—〕義務関係も進化しえないと一般化してよい[38]。

　また、義務の違反が法律関係を変化させる場合（前頁引用文中の (3) 反義
務行為がなされること）も、義務を負う人格による権能の行使（権能—責任関

---

36)　Kocourek 1930, pp. 329-30.

37)　Kocourek 1927, p. 103. この例では、Bによる履行の提供をする権能の行使までで
　　考察が終了しており、義務が履行されれば、いかなる新たな法律関係も創出されない
　　とされる。これに対し、動産の引渡しの提供や金銭の支払の提供など、請求権—義務
　　関係の主者による受領が問題となる場合には、当該請求権—義務関係の従者による履
　　行の提供をする権能の行使の結果、当該請求権—義務関係の主者に受領する権能が付
　　与されるなど、さらに新たな法律関係の連鎖が続いていく（cf. Kocourek 1927, p.
　　103; 1930, pp. 329-30）。

38)　Kocourek 1927, p. 103.

90　第3章　分析法理学における展開（2）

係の進化）であるとされる。庭の鋤仕事の例では、AとBの間には、前述の二つの法律関係の他に、Bが義務の履行をしないことを内容とするB－A間の権能―責任関係が存在する[39]。この関係が進化すると、すなわちBが義務を履行しない権能を行使すると、庭の鋤仕事をするBの義務が消滅し、Bが損害賠償を支払うことを内容とするA－B間の請求権―義務関係（損害賠償を支払うBの義務）が生じる[40]。このように、反義務行為をなすことによる法律関係の変化も権能の行使として記述される。反義務行為を内容とする二人格間の関係は権能―責任関係という法律関係である。このような関係を法的なものとして扱うべき理由を、コクーレクは不法行為（tort）を例にとって次のように述べる。

　　もしAが不法行為を犯すならば、Aは、法がそれに作用するだろう帰結が後に続くという意味において、法的結果（*legal* result）を生み出している。侵害を受けた人格は損害賠償を求める請求権を得、法はそれを訴訟の権能によって強化する。不法行為は違法（unlawful）行為であったが、それは法的（legal）行為でもあった。というのは、後に続く法律関係は、当該法律関係の原因が法的原因（*legal* cause）だったのでない限り、法律関係（*legal* relation）たりえなかったからである。その原因は、もしそれが行為であったならば（そしてそれは行為であった）、必然的に法律関係の内容だったのでなければならない[41]。

　不法行為も法律関係を変化させる事実であり、そしてそれは行為である。コクーレクによれば、法律関係を変化させる原因としての行為が存在する場合には、必ず当該行為を内容とする、先行する法律関係が存在する[42]。そし

---

39)　Kocourek 1927, p. 102-3. つまり、Bが庭の鋤仕事をする義務を負っている時点で、AとBの間には、①Bが庭の鋤仕事をすることを内容とするA－B間の請求権―義務関係、②Bによる義務の履行を内容とするB－A間の権能―責任関係、および③Bによる義務の不履行を内容とするB－A間の権能―責任関係の三つの法律関係が存在する。

40)　Kocourek 1927, pp. 103-4. この時、AがBを訴えることを内容とするA－B間の権能―責任関係（Bを訴えるAの権能）も同時に存在する（Kocourek 1927, p. 105）。

41)　Kocourek 1927, pp. 132-3.

て前述のとおり、進化しうるのは権能―責任関係のみである。したがって、反義務行為をなすことも権能の行使（権能―責任関係の進化）として記述され、それがなされる以前には反義務行為を内容とする権能―責任関係が存在することになる。債務を履行する義務や不法行為を犯さない義務など、違反されうる義務がある人格に課せられる場合には、当該人格には義務に違反する権能も付与されることになる[43]。

　コクーレクの権能概念ないし権能―責任関係の第二の特徴は、他の人格の自由を制限するが、必ずしも特定の法律関係の変化を生じさせないような行為も、権能―責任関係の内容をなす行為たりうるという点である。前述のとおり、コクーレクは権能を「法的効果を伴って」行為するケイパビリティであるとする。しかし、この法的効果は特定の法律関係の変化であるとは限らない。コクーレクが挙げる権能―責任関係の例の中には、その内容をなす行為がなされた場合に法律関係の変化が生じないように思われるものがある。たとえば、AがB所有の甲土地に立ち入る許可（license）または地役権（easement）をもつ場合を考える。サーモンドやホーフェルドは、このような場合、AはBに対し、甲土地に立ち入る自由ないし特権をもつとするのみで、Aが甲土地に立ち入る権能をもつとはしていない[44]。一方、コクーレクはこのような場合、許可（によって創出される被許可者の法的地位）はホーフェルド的意味での特権（自由）ではなく権能であるとする[45]。Aが当該権能を行使した場合、すなわちAが実際に甲土地に立ち入った場合の法的効

---

42)　Cf. Kocourek 1930, pp. 292-3.

43)　Kocourek 1930, p. 323.

44)　Salmond 1902, pp. 232-3; Hohfeld 1923, p. 165.

45)　Kocourek 1920a, p. 32（1927, pp. 370-1）. Cf. Kocourek 1927, pp. 24, 86, 98, 118, 161; 1930, p. 254. なお、これらの箇所の中には、被許可者または地役権者の権能が「特権」として説明されている箇所がある。しかし、前述のとおり、権能と特権は互換的な概念として用いられる（「理論上は、権能と特権の間にはいかなる相違も存在しない」（Kocourek 1927, p. 24）。コクーレクは特権をホーフェルドにおける特権とはまったく異なる意味で用いている点に注意されたい）。したがって、これらの箇所は、すべて被許可者または地役権者が土地に立ち入る（土地を横切る／土地の上を歩く）権能をもつと言い換えても差し支えない。

92　第3章　分析法理学における展開 (2)

果として、コクーレクはBの自由の領域の侵害、すなわちBがAによる立入りがなされることに服することを挙げる[46]。コクーレクは、このような場合に、Aによる権能の行使によって法律関係の変化が生じるとは述べていない[47]。このように、コクーレクにおいては必ずしも法律関係の変化とは結びつかないような行為も、それが他の人格の自由を制限する場合には、権能ー責任関係の内容をなす行為とされる場合がある。

　以上の二つの特徴は、権能概念の拡張をもたらす。すなわち、①義務の履行や義務違反をなしうる地位も権能として記述され、②必ずしも法律関係の変化とは結びつかない行為を内容とする権能ー責任関係が存在するという二点において、コクーレクは権能概念を従来よりも広く解していると言える。

　第一の特徴については、権能概念がもちうる射程を示すとともに、義務を負う人格がもつ権能を明示したという点で、筆者はこれを高く評価する。コクーレク以外にも、個別の具体例として、コクーレクで言うところの反義務権能に相当するものを権能の例として挙げる論者はいた[48]。しかし、義務権

---

46)　Kocourek 1930, pp. 254-5. コクーレクは、それが他の人格に対する行為であるか（行為される他の人格の責任を含むか）否かという観点（Kocourek 1927, p. 22）から、土地所有者が自己の土地に立ち入る場合と、被許可者または地役権者が他人の土地に立ち入る場合を区別する。すなわち、前者は非法的な自由の領域の行為であるのに対し、後者は土地所有者に対する権能の行使となる。

47)　Aが当該権能を行使した時に、いかなるBの特定の権利または羈束の変化ももたらさないとまでは言い切れない（たとえば、「Aを甲土地から追い出さないBの義務」が生じると考えることができるかもしれない）。しかし、コクーレクがこのような権能に言及する場合には、当該権能の行使による法律関係の変化には一切言及していない。したがって、少なくともここでコクーレクが立ち入る権能に言及する時には、彼は当該権能の行使による、Bにおける特定の権利または羈束の変化を念頭に置いてはいないように思われる。このような場合において、Aによって行使された権能、すなわち法律関係の変更を見出すのは不可能であるように思われるとするものとして、Philbrick 1939, p. 17.

48)　たとえば、クック（Walter Wheeler Cook）やパウンドは、契約に違反することによって、約束ないし契約を履行する義務を、損害賠償を支払う義務で置き換える権能を挙げる（Cook 1928, pp. 346-51; Pound 1916, p. 95）。また、前述のとおり、コービンは、「法的権能は常に法的特権〔これはホーフェルド的意味における特権である〕を伴うとは限らない。それを使用しない義務が存在するかもしれない」とし、権能の例として暴行によって、損害賠償に対する二次的権利を相手方において創出する権能

第1節　コクーレク　　93

能および反義務権能という形で義務を負う人格がもつ権能を一般化したの
は、コクーレクの功績である（ただし、義務の履行が法律関係の変化を生じさ
せない場合があるので、必ず義務に義務権能が伴うと言えるかは疑問である[49]）。

　一方、第二の特徴は、権能概念を不明確にするという点で疑問がある。ホ
ーフェルドは権能を、その行使によって「所与の法律関係の変化」が生じる
場合に限定した。これに対しコクーレクは、法律関係の変化をもたらさない
行為でも、それが他の人格の自由の制限という意味での拘束を含む場合に
は、それは権能―責任関係の内容をなす行為であるとした。しかし、コクー
レクのように、法律関係の変化を生じさせない行為まで権能の行使に含める
と、法律関係の変化と権能の対応関係（すなわち、「法律関係の変化にかかわ
る行為＝権能の行使とみなされる行為」という対応関係）が失われる。このよう
な概念の拡張は、権能概念を不必要に不明確にするものである[50]。

5.　権能―責任関係と請求権―義務関係の相互関係

　コクーレクにおける法律関係とその変化の記述の中では、権能―責任関係
とその進化に大きな比重が置かれている。ある人格の行為による法律関係の
変化はすべて権能の行使（権能―責任関係の進化）として記述される。これは
請求権―義務関係の主者と従者の行為においても変わらない。前述のとお
り、請求権―義務関係の従者、すなわち義務を負う人格による義務の履行や
義務違反が法律関係を変化させる場合には、それらはいずれも当該人格によ

　　を挙げる（Corbin 1919, p. 169）。

49)　この点については、第6章第2節参照。

50)　ただし、コクーレクが法律関係の変化をもたらさない行為を内容とする権能―責
　　任関係の存在を認めたのは、彼独自の法律関係の等級の区別――拘束法律関係
　　（zygnomic relation）と中間法律関係（mesonomic relation）の区別――にもかかわ
　　る（この分類については、亀本 2017b 参照）。
　　　コクーレクによる拘束法律関係と中間法律関係の区別は、法律関係間の衝突
　　（conflict）構造を解明するという点で、注目に値する（亀本 2017b, 76 頁）。しかしな
　　がら、この区別を用いたコクーレクの法律関係分析には、以下のような問題点があ
　　る。まず、本文で述べたように、権能概念が不明確なものとなるという点である。二
　　つ目に、コクーレクが中間法律関係として記述する法的状況と、法律関係の不存在と
　　して記述する法的状況が、適切に区別できるか疑わしいという点である。

94 第3章 分析法理学における展開 (2)

る権能の行使として記述される。また、請求権―義務関係の主者、すなわち請求権をもつ人格の側の行為、たとえば訴えの提起なども、当該人格による、従者に対する権能の行使として記述される。このように、当事者の行為による法律関係の変化まで視野に入れると、考察の中心は権能―責任関係とその進化に置かれる。コクーレク自身も次のように述べている。

　　法律学的および法的推論にとっては、請求権および義務の体系を叙述することが有用であり、また望ましい一方、結局のところ、法の力 (force) は権能の使用において実現されるということに留意することが重要である。義務の法的指図が単に存在することの勧告的効果は、人間活動の大部分においては、利益および請求権の十分な保護手段である。……しかし、行動を指図する法的ルールの勧告的効果は機能しないかもしれず、実際機能しないことがしばしばある。その場合、請求権を侵害された人格は権能の使用に訴えなければならない。……

　　この観点からは、法は権能の制限のための体系であると論じることが可能である。というのは、法はその実際の作用において、権能の明示のみを扱い、義務――これは、その主たる機能が法的現象をわかりやすく、予測可能にすることであるところの法律学上の構成物である――をまったく扱わないからである[51]。

　このように考えるのであれば、権能―責任関係とその進化のみで法律関係を記述するということも考えられる。コクーレクも、権能（および責任）のみで法的事象を記述する見方がありうることを示唆している[52]。

　しかし、コクーレクは、請求権および義務も用いて法的事象を記述することを支持する[53]。コクーレクはむしろ、「義務と権能の相互作用においては、第一次的な強調は明らかに義務の方にある[54]」とさえ述べている。コクーレ

---

51)　Kocourek 1927, p. 15.
52)　Kocourek 1927, pp. 47-8.
53)　Kocourek 1927, pp. 48-9.
54)　Kocourek 1930, p. 249. コクーレクは、「義務において拘束は直接的である」、「権能において拘束は間接的である」とも述べる。

クにおいては、権能―責任関係を唯一の根本的法律関係とすることは否定されている。

6. 考察

ここまで、コクーレクの法律関係論を検討してきた。本節で検討した部分に限れば、その特徴は次の二点にまとめられる。

第一に、根本的法律関係は請求権―義務関係と権能―責任関係のみであり、これらの不存在に基づく関係は法律関係ではないとする点である。これは、拘束を伴わない関係は法律関係たりえないという立場からの帰結である。この点は、ホーフェルドが権利―義務関係や権能―責任関係の不存在に基づく関係も独立の法律関係であるとするのと対照的である。

第二に、権能概念が非常に広範なものになっているという点である。行為による法律関係の変化はすべて権能の行使（権能―責任関係の進化）として記述される[55]。コクーレクは、義務行為や反義務行為をなすことも権能の行使であるとすることによって、義務を負う人格がもつ権能を明示した。それに加えて、コクーレクは必ずしも法律関係の変化を生じさせない行為の一部も権能―責任関係の内容をなす行為であるとする。ただし、後者の点は法律関係の変化と権能の対応関係を失わせる点で疑問である。

これらの特徴のうち、筆者が特に注目するのは第二の点である。ある人格の行為による法律関係の変化までを視野に入れた場合、権能―責任関係とその進化に焦点が当てられる。コクーレクの法律関係論は、法律関係の記述において権能―責任関係が非常に大きな役割を果たすことを示している点で、注目に値する。

このように権能―責任関係に極めて大きな比重を置いて法律関係を記述すると、今度はすべての法律関係を権能―責任関係の存在・不存在に還元する

55）　ただし、法律関係の変化は出来事（event）によっても生じうる。出来事による
　　法律関係の変化がどのように記述されるかという点は、コクーレクにおいては明示さ
　　れていない。行為による法律関係の変化に加えて出来事による法律関係の変化も記述
　　しようとする試みとして、cf. Marsh 1969; 1973.

96   第3章　分析法理学における展開 (2)

ことも可能なのではないかという疑問が生じる。しかし、コクーレク自身は
そのようには考えず、請求権─義務関係が根本的法律関係の一つであるとい
う立場を堅持している。これに対し、次節以降で検討するハイルマンとゴー
ブルは、権能概念が法律関係分析における中心概念となることを明示してい
る。

第2節　ハイルマン

　ハイルマン（Raymond J. Heilman）[56] は、ホーフェルド、コービン、コク
ーレク、そして経済学者コモンズ（John R. Commons）[57] らの分析を比較検討
したうえで、ホーフェルドの体系においては権能が特に重要な要素であると
主張する。ここでは、ハイルマンによるホーフェルドおよびコービンの理論
の再構成について検討する。

1. 基本的立場

　ハイルマンの基本的立場は、ホーフェルドが示した法律関係分析において
は、権能の概念が中心的役割を果たすというものである。ハイルマンは次の
ように述べる。

　　ある個人が、社会集団またはそのエージェントの行動に対して、他の個人に
　　関して有する支配（control）または影響力（influence）という意味での法的
　　権能の概念は、ホーフェルドの体系において中心的ないし根本的な要素である
　　ように思われる[58]。

---

56)　1891-1985. アメリカの法律家・法学者。著書として *The Conflict of Laws and the
　　Statute of Frauds*（1961）がある。
57)　コモンズによるホーフェルド図式の再構成については、cf. Commons 1924, Ch. IV.
　　ハイルマンの議論はコモンズの影響を大きく受けていると考えられるが、ここではコ
　　モンズ自身の理論の詳細には立ち入らない。
58)　Heilman 1932, p. 841.

前述のとおり、ホーフェルドは、八つの概念は相互に還元不可能であるという立場をとった。これに対しハイルマンは、権能の存在または不存在の概念が、ホーフェルドの図式全体に広がるとする[59]。

2. ホーフェルド図式の再解釈

ハイルマンはまず、社会的エージェント（societal agent）が法律関係に与える影響を明示したものとして、コービンの叙述を引用する。ハイルマンによれば、コービンは、ホーフェルドの体系において扱われる法律関係は、その創出および破壊が社会的エージェントの行動の支配を通じて決定されるということを示したとされる[60]。コービンは法律関係（legal relation）を社会の行動の予測という形で定義する。すなわち、コービンによれば、「ある法律関係がAとBの間で存在するという言明は、社会が、その裁判所または行政機関を通じて行為し、一方に有利で他方に不利な形で何をなすまたはなさないだろうかということに関する予測である[61]」。このような法および法律関係理解に基づいて、コービンはホーフェルドの八つの根本的概念を次のように説明する。

　　巨人〔＝社会〕がBの行動を強制的に支配することによってAを援助するだろうという観念を、我々は、Aは権利（right）をもつと言うことによって表現する。もし巨人がそのような形でAを援助しないならば、Aは権利をもたない（no right）。もし巨人が力を用いてAの行動を支配することによってBを援助するならば、Aは義務（duty）を負う。もし巨人がそのような形でBを援助せず、かつAがそのような拘束から自由である（free）ならば、この事実は、Aは特権（privilege）をもつと言うことによって表現される。もしAが、自身の意思行為によって、Bに関する巨人の行動に影響を与えることができるならば、……Aは権能（power）をもつ。もしAがこのようにすることができないならば、Aは無能力（disability）をもつ。もしBが、自身の

---

59)　Heilman 1932, p. 842.
60)　Heilman 1932, p. 842.
61)　Corbin 1919, p. 164.

98   第3章 分析法理学における展開 (2)

　　意思行為によって、A に関する巨人の行動に影響を与えることができるなら
　ば、A は責任（liability）を負う。もし B がこのようにすることができないな
　らば、A は免除（immunity）をもつ[62]。

　A が巨人＝社会に影響を与えて、B に関して行動させたり、B に関して行
動するためにエージェントを用いさせたりすることができるか否かは、①
A が権能をもち、かつ B が責任を負うのか、それとも A が無能力をもち、
かつ B が免除をもつのか、および② A が権利をもち、かつ B が義務を負う
のか、それとも A が権利をもたず（無権利をもち）、かつ B が特権をもつの
かを決定する。A が社会集団に対する影響力、あるいはそのエージェント
に対する支配をもつまたはもたないことは、上記の用語を用いて記述される
関係の存在・不存在を決定する。
　このようなコービンの叙述を踏まえたうえで、ハイルマンは、権能の領域
の各概念——権能、責任、免除および無能力——の存在・不存在を決定する
際に必要なことと、義務の領域の各概念——権利、義務、特権および無権利
——の存在・不存在を決定する際に必要なことが異なるということを指摘す
る。A が権能をもち、かつ B が責任を負うのか、それとも A が無能力をも
ち、かつ B が免除をもつのかを調べるだけであれば、第一義的に言及され
るのはこの影響力または支配をもつかもたないかだけである。しかし、A
が権利をもち、かつ B が義務を負うのか、それとも A が権利をもたず（無
権利をもち）、かつ B が特権をもつのかを確かめようとする場合には、A が
B に関してそのような影響力または支配をもつかもたないかを決定するだけ
でなく、A が B に対する社会の援助を求める目的が、直接 B の行動を支配
すること、すなわち、A に関するある種の行動を強制することであるか否
かを知ることも必要となる。もし A が B によるその種の行動を強制するた
めに援助を得ることができるならば、A は、B がそのような仕方で行動すべ
きであるという権利をもち、B はこのように行動する義務を負う。もし A
がその目的のためにこのような援助を得ることができないならば、A は、B

---

62)　Corbin 1921a, p. 229.

がそのような仕方で行動すべきであるという権利をもたず（無権利をもち）、
BはAに関して、他の仕方で行動する特権をもつ[63]。したがって、ハイル
マンによれば、権利とは相手方の行動を強制するために社会の援助を得るこ
とができることであり、無権利とはこれができないことであるということに
なる。

　このことは、権利者が権能をもち（義務者が責任を負い）、無権利者が無能
力をもつ（特権者が免除をもつ）ということを意味するとされる。まず権
利・義務と権能・責任の関係について、ハイルマンは次のように述べる。

　　権利―義務関係が存在する時、権利保持者が権能をもち、義務者が責任を負
　うという意味で権能―責任関係が存在し、加えてその権能の行使は、義務者に
　よる権利保持者に対する（積極的または消極的な）ある一定の種類の行動を強
　制または誘導することを目指しているという事実が存在する[64]。

これに対し、特権・無権利と免除・無能力の関係は次のように整理され
る。

　　また、特権―無権利関係が存在する時、無権利者は、それをなすことに関し
　て特権保持者が特権を主張するところの行動と反対の、不特定または特定の種
　類の行動をなすことを特権保持者に強制または誘導することに関して、権能を
　もたない。すなわち、無権利者が特権保持者における反対の種類の行動を強制
　または誘導する権能をもたず、ゆえに無能力をもち、特権保持者は対応する免
　除をもつという事実に加え、特権保持者によるある一定の種類の行動が無権利
　者に関してなされようとしているという事実が存在する[65]。

このように、ある二当事者間において権利―義務関係が存在するか否は、
それぞれ当該当事者間において、一方が他方に対して、ある一定の行為を強

---

63)　Heilman 1932, pp. 843-4.
64)　Heilman 1932, p. 844.
65)　Heilman 1932, p. 844.

100　第3章　分析法理学における展開 (2)

制ないし誘導するために権能をもつか否かという事実によって決まる。

　以上のようなハイルマンの法律関係理解は、ホーフェルドの法律関係理解とは異なる。すなわち、ホーフェルドは、義務の領域と権能の領域は独立のものであるとしており、一方の領域の概念が他方の領域の概念を含意するとは考えていない。しかし、ホーフェルドはその一方で、各概念間の対応関係を指摘している。それは次のようなものである。

　　……権能は免除に対し、権利が特権に対してなすのと同じ一般的対照をなす。権利は他者に対するある者の積極的請求権（affirmative claim）であり、特権は他者の権利または請求権からのある者の自由（freedom）である。同様に、権能は他者に対する所与の法律関係の「支配（control）」である。一方、免除はある法律関係に関する他者の権能または「支配」からのある者の自由である[66]。

　ハイルマンは、この箇所から次の二つのことが言えるとする。

　第一に、ホーフェルドは権利と権能、および特権と免除の間の、そしてそれゆえ無権利と無能力、および義務と責任の間の対応関係を認識していたということである[67]。ホーフェルド自身がこのような対応関係を認めているというのは、確かにそうである。しかしながら、ホーフェルドは、免除―無能力関係が権能―責任関係の不存在を意味するということを説明するために、権利―義務関係と特権―無権利関係の間にある不存在関係を引き合いに出したにすぎない。権利をもつ者が権能をもち、無権利をもつ者が無能力をもつ、といったことをホーフェルド自身が述べているわけではない。権利―義務関係が存在する場合に権能―責任関係が存在し、特権―無権利関係が存在する場合に免除―無能力関係が存在するという理解は、ホーフェルドの叙述から導かれるものではなく、あくまでハイルマン独自の理解と考えた方がよいだろう。

　第二に、ホーフェルドは、法律関係を変化させることのみに関係する限定

---

66)　Hohfeld 1923, p. 60.
67)　Heilman 1932, p. 845.

的な意味においてではなく、既存の法律関係の変更または破壊を防ぐために用いられる支配を含むように、法律関係に対するあらゆる種類の支配として、権能をより広く記述しているということである[68]。ハイルマンは、上で引用したホーフェルドの記述からこのように言えると考えているようである。しかし、ハイルマン自身も指摘しているように、ホーフェルドは現存する法律関係を変化させる場合にのみ権能について語り[69]、変化させないことを内容とする権能が存在するか否かについては言及していない。したがって、この点もハイルマン独自の理解と考えるべきだろう。

3. 考察

　以上のような形で、ハイルマンは権能の領域の概念をホーフェルド図式全体へと拡張する。ハイルマンによれば、権利をもつ者は権能をもち、無権利をもつ（権利をもたない）者は無能力をもつ（権能をもたない）。こうした考察に基づき、ハイルマンは権能の領域を義務の領域へも拡張した。このような立場は、権能および権能の領域の各概念が、義務の領域の各概念が存在するための基礎となっていると考えるものである。この点において、ハイルマンの議論は、権能概念の役割の拡張という本章の問題関心から非常に注目に値する。

　ただ、権利が権能に、それに応じて義務が責任に、特権が免除に、そして無権利が無能力に完全に還元されてしまうのか否かは、ハイルマンにおいては必ずしも明確でない[70]。前述のとおり、権利、義務、無権利、および特権においては、行動を強制するために社会の援助が得られるかどうかという観点が導入されており、この点が権能、責任、無能力、および免除と異なるということが強調されている。これに対し、すべての法的地位は権能と責任の存在または不存在に還元することができるとするのが、次節で検討するゴーブルである。

---

68)　Heilman 1932, pp. 845-6.

69)　Hohfeld 1923, pp. 50-1.

70)　Cf. Herget 1990, p. 113.

102　第3章　分析法理学における展開 (2)

第3節　ゴーブル[71]

1.　基本的概念としての権能

ゴーブル (George W. Goble)[72] は、すべての法律関係が権能―責任関係の存在・不存在に還元できるという立場から、ホーフェルドにおける八つの概念を権能・責任の存在・不存在によって説明しようと試みた[73]。ゴーブルの基本的立場は次のようなものである。

　　基本的法律概念は権能である。他のすべての法律概念はこの概念の派生物である。この用語は、他者の法的地位を変更する、ある人格の能力 (capacity) を表す。法的に重要なすべての作為または不作為は権能の行使を伴う。この語は、支配的または支配する (dominant or controlling) 当事者の観点から観た、二つの人格の関係を記述する。同一の関係は、従属的または支配される (servient or controlled) 当事者の観点からは、責任という用語によって記述される。……

　　すべての法律関係は、したがってすべての法的地位は権能と責任に還元可能であるので、権能は、他の人格において権能および責任を創出する、または消滅させる、ある者の能力 (ability or capacity) と定義してよい[74]。

ゴーブルはこのように、権能を「他の人格の権能・責任を創出する、または消滅させる能力」、責任を他の人格の権能 (の行使による法的地位の変化) に服する地位とする。そのうえでゴーブルは、ある人格の法的地位、および

---

71)　わが国におけるゴーブルの議論の紹介として、高柳 1948, 197-202 頁参照。
　　　ハーゲットは、本節で検討するゴーブルの論文と、その数年前に公表されたハイルマンの論文 (Heilman 1932) の結びつきを指摘する (Herget 1990, p. 114 n. 109)。
72)　1887-1963. 専門は契約法・保険法。ケンタッキー大学、イリノイ大学ロー・スクール、カリフォルニア大学ヘイスティングス校ロー・スクール教授。著書として *Cases and Other Materials on the Law of Insurance* (1931)；*Cases and Materials on Contracts I* (1937)；*The Design of Democracy* (1946) などがある。
73)　用語自体はホーフェルドと同じである。
74)　Goble 1935, p. 535.

第3節　ゴーブル　　103

1. 権能——他の人格の法的地位を変化させる、ある人格の能力
2. 責任——他者の権能に服する、ある人格の地位
3. 無能力——他者の法的地位を変化させる、ある人格における権能の不存在
4. 免除——他者の権能に服する、ある人格の地位の不存在
5. 権利——他の人格敗訴の判決を得ることに伴う諸権能および諸行為の連続的結合を開始する、ある人格の権能
6. 義務——他者が判決を得ることに伴う諸権能および諸行為の連続的結合に服する、ある人格の地位
7. 無権利——他の人格に判決を与えることに伴う諸権能および諸行為の連続的結合を開始する、ある人格の権能
8. 特権——他者が判決を得ることに伴う諸権能および諸行為の連続的結合に服する、ある人格の地位の不存在

表 3-1　ゴーブルによる、ホーフェルドの八つの概念の再定義[75]

ある二人格間の法律関係はすべて権能と責任という用語でもって表すことができるとする。このような立場から、ゴーブルは、ホーフェルドの八つの根本的法律概念のうち、権能と責任以外の六つの概念をすべて権能と責任を用いて再定義する。まとめると、表 3-1 のようになる（「服する地位（subjectivity）」という表現が責任を表す）。

以下、権能—責任関係以外の各法律関係が、ゴーブルによればいかなる法的状況を表すものとされるのかを見ていく。

2.　無能力—免除関係

無能力は権能の不存在であり、免除は責任の不存在である[76]。無能力—免除関係が権能—責任関係の不存在を意味するというのは、ホーフェルドと同じである。たとえば、申込みの相手方は申込者に対して、承諾する権能をも

---

75)　Goble 1935, p. 540. ただし、特権については、本表中の定義と本文中の説明が異なっている。特権の定義としては、本表中の定義は不正確である。特権がいかなる地位を表すかについては、本節 4 参照。

76)　Goble 1935, p. 537.

104　第3章　分析法理学における展開 (2)

つ。これに対し、当該申込みが撤回された（申込者が撤回する権能を行使した）後では、申込みの相手方は承諾する権能をもたないという意味で、無能力をもつ[77]。

　無能力および免除の概念は、それぞれ権能および責任の不存在を意味する概念であり、それ自体不可欠の概念ではない。したがって、無能力および免除は派生的概念である[78]。ただし、無能力のような用語は、ある事実が起きて権能が創出される直前の、あるいはある事実が起きて権能が消滅した直後の、ある者の地位を記述するために最も必要とされ、ある特定の行為または出来事の前後でのある者の地位を比較するのに重要なことがあるとされる[79]。

3.　権利―義務関係

　権利および義務は、特定の一連の諸権能―責任関係および諸行為を一方または他方の当事者の観点から記述したものである。したがって、権利―義務関係は基本的な法律関係ではなく、諸権能―責任関係の特定の連続的結合を表すものであるということになる[80]。たとえば、Aが甲土地を所有しており、Bが当該土地に対する不法侵害を犯したとする。この時、AはBに対し、Bが不法侵害に対する損害賠償を支払うべきであるという権利をもち、BはAに対し、損害賠償を支払う義務を負う。AはBを訴えて勝訴判決を得、当該判決に基づいて執行手続を開始することができる。これを権能の連鎖によって表現すると、次のようになる。すなわち、「Aは裁判所をしてB敗訴の判決をなさしめる権能をもち、この判決は……Bから彼の財産の一部に関する彼の諸権能を剝奪する権能を執行官（sheriff）に与える権能を書記（clerk）に与える権能を彼（A）に与える[81]」。

　この例でA―B間のものとして記述される権利―義務関係が略記する権能

---

77)　Goble 1935, p. 537.
78)　高柳 1948, 199 頁。
79)　Goble 1935, p. 537.
80)　Goble 1935, p. 539.
81)　Goble 1925, p. 538.

―責任関係は、A－B間のものではないとされる。ゴーブルによれば、Aの権能に相関する責任を負うのはBではなく、裁判所またはその官吏である[82]。すなわち、Aは裁判所に対して、B敗訴の判決を下す権能を付与する権能をもっている（しかしながら、Bは、Aが当該権能を行使した場合に、当該判決を下す裁判所の権能に相関する責任を負うことになるので、この場合裁判所だけでなく、BもAの権能に相関する責任を負っているはずである）。権利―義務関係は、一方が他方に対して効果的な行動をとるためには社会の機関の介入がなされなければならない場合の、二当事者間の関係を記述するものであるとされる[83]。

　このようにゴーブルの法律関係論においては、相手方を訴えることや判決を下すことによって他の人格の法的地位を変化させうることも、原告や裁判所の権能として記述される。訴訟を提起する権能は、裁判所に対する原告の権能である。原告が当該権能を行使することによって、裁判所に判決を下す権能が付与される。また、裁判所が判決を下すことによって原告や被告といった人格の法的地位を変化させることも、裁判所による権能の行使として記述される。

　権利も義務も一定の権能と責任の存在を意味するにすぎないので、派生的概念である。しかし、権利―義務関係が表している諸権能―責任関係の連鎖をそのつど述べるのは煩雑である。したがって、介在する諸人格（裁判所、書記、陪審員、執行官）の法律関係は無視するのが便利であり、介在する一連の諸行為および諸権能を「飛び越え」て、直接当事者間の関係を記述する用語をもつ必要があるとされる[84]。

82）　Goble 1935, p. 539.

83）　Goble 1935, p. 540.

84）　Goble 1935, p. 538. 本文で述べた場合のように、権利をもつ人格が、自身に有利な判決を結果としてもたらすだろう一連の出来事を開始する権能（ゴーブルはこれを「成功する訴訟の権能（power of successful action）」と呼ぶ）をもつ場合の権利―義務関係は、救済的権利―義務（remedial right-duty）関係と呼ばれる。これに対し、成功する訴訟の権能が存在するために、義務を負う人格による行為（義務違反ないし債務不履行）のみが条件となっている場合の権利―義務関係（本文中の例で言うと、Bが甲土地に対する不法侵害をする前の、Bが不法侵害をしないことを内容とする権

106　　第3章　分析法理学における展開（2）

4.　無権利―特権関係

　無権利―特権関係は権利―義務関係の否定である[85]。たとえば、BがA所有の甲土地に立ち入った場合で、AがBに甲土地を横切る許可を与えていたとする。ホーフェルドは、このような状況では、Aは、Bが損害賠償を支払うべきであるという権利をもたないという意味で無権利をもち、Bは損害賠償を支払わない特権をもつとした[86]。

　ゴーブルは、単純に無権利が勝訴判決を得る無能力であるとすることは正しくないとする[87]。上述の例では、Aは、もしBが抗弁を提出すれば、損害賠償の支払を命じる、B敗訴の判決を得ることはできない。他方で、AはBを相手どって訴えを提起する権能をもっている。Aが当該権能を行使した場合、Bが出廷して答弁をしない限り、Aは欠席判決（judgment by default）という形で勝訴判決を得る[88]。Aが当該権能をもっており、勝訴判決を得る可能性がある以上、Aの地位を「無能力」と表現することは適切でないとされる。

　ゴーブルは、無権利が表す地位は無能力ではなく権能であるとする。上述の例において「無権利」で表されるAの地位を、権能の連鎖を用いて表すと次のようになる。すなわち、「AはBを訴え、そしてそれによって、抗弁を提出することによって自身において判決に対する免除を創出することをBに授権する（empower）ことを裁判所および他の官吏に授権する権能をもつ[89]」。まず、AがBを訴える権能を行使することによって、裁判所（および他の官吏）に権能が付与される。そして、裁判所がその権能を行使するこ

利―義務関係）は、無条件権利―義務（unconditional right-duty）関係と呼ばれる。また、義務を負う人格の意思支配のもとにない条件も存在する場合の権利―義務関係は、条件付権利―義務（conditional right-duty）関係と呼ばれる（Goble 1935, pp. 540-3）。厳密に言うと、権利をもつ人格において成功する訴訟の権能が現に存在しているのは、救済的権利―義務関係が存在する場合に限られる。

85)　Goble 1935, p. 540.
86)　Goble 1935, p. 539.
87)　Goble 1935, p. 539.
88)　Goble 1935, p. 539.
89)　Goble 1935, p. 539.

とによって、Bに権能が付与される。このBの権能は、抗弁を提出することによって行使される。Bがこの付与された権能を行使すると、BはB敗訴（＝A勝訴）の判決に対する免除（裁判所に対する免除）を得る。つまり、この時裁判所はBに対し、B敗訴の判決を下すことができないという意味で無能力をもつ。このような形で、無権利と特権も特定の権能・責任の存在へと還元される[90]。ゴーブルは、このような状況におけるAおよびBの地位を、ホーフェルドは無権利および特権と表現したのだとする[91]。しかし、ホーフェルドは、無権利や特権を説明する際に、上で述べたような権能や責任に言及してはいない。また、ホーフェルドは、義務の領域の各概念（権利、義務、無権利、特権）が権能や責任に還元されるという立場もとっていない。したがって、ホーフェルドが無権利や特権に言及する際に、当事者やその他の人格にゴーブルが言うような権能・責任が存在していると考えていたとまでは言えないように思われる。

5. 考察

　以上のように、ゴーブルは、すべての法的地位は権能とその相関項としての責任の存在・不存在に還元することができるとする。この意味において、基本的法律概念は権能であり、それ以外の概念は権能の派生概念にすぎない。

　義務の領域の各概念（権利、義務、無権利、特権）が諸権能―責任関係の連続的結合を略記するための派生的概念にすぎないという立場は、法律関係の記述における権能の役割の重視を可能な限り推し進めたものである。このようなゴーブルの立場は、義務の領域よりも権能の領域の方がより基本的であるということを示しているという点で注目に値する。

　ただし、ゴーブルの論述には、以下の点で疑問が残る。ゴーブルは権利―義務関係の説明において、もっぱら権利者の権能のみに注目する。しかし、

---

90)　この意味で、特権をもつ人格も、無権利をもつ人格に始まる諸権能の連続的結合に服する地位にある。したがって、表3-1における特権の定義は不正確である。

91)　Goble 1935, p. 539.

義務者も義務の履行や義務違反といった行為によって法的地位を変化させることができる。コクーレクは、義務者はこれらの行為によって法律関係を変化させることができるので、権能をもつとした。これに対し、ゴーブルは「法的に重要なすべての作為または不作為は権能の行使を伴う」とする一方で、義務者の行為による法的地位の変化を、当該人格による権能の行使であるとはしていない。この「すべての作為または不作為」の範囲は明確でない。あるいはゴーブルは、義務者の行為による法的地位の変化は権能の行使によるものではないと考えていたのかもしれない。しかし、コクーレクにおける権能概念の拡張を考慮に入れると、権利―義務関係において権利者の権能しか考慮しないのは、考察としては不十分であるように思われる。

第4節　小括

　本章では、法律関係論における権能の役割の拡張という観点から、コクーレク、ハイルマンおよびゴーブルの法律関係論を検討してきた。コクーレクは、義務権能および反義務権能という形で、義務を負う人格がもつ権能を明示した。ハイルマンは、ホーフェルドの体系において権能の概念が中心的な要素であるとした。そして、ゴーブルは、すべての法律関係と法的地位は権能と責任の存在・不存在でもって記述することができるとした。彼らの法律関係論は、視点や基本的立場は異なるが、法律関係の記述において権能に極めて大きな役割を与えている点が特徴である。法律関係およびその変化のプロセスの記述において権能が重要な役割を果たすという点を浮き彫りにしているという点で、彼らの法律関係論は高く評価されるべきであると筆者は考える。

第1部のまとめ

第1部では、法律関係を記述するための概念の生成・発展の過程を、大きく三つの段階に分けて叙述してきた。

第1章では、「従来の権利概念に含まれる異なる諸要素の区別」という観点から、19世紀後半のドイツにおける権利概念分析を検討した。そこでは、①権利ないし請求権、②許容、および③権能ないし法的可能が互いに区別されるということが示された。

第2章では、「各概念間の相関関係と不存在関係の発見・定式化、および権能の領域の独立」という観点から、分析法理学の論者のうちベンサムからホーフェルドに至るまでの議論を検討した。そこでは、相手方の権能の不存在に基づく地位が免除によって表され、法律関係概念相互の間にある相関関係と不存在関係が示された。これらはいずれも、サーモンドが発見・導入してホーフェルドが明確化したものである。そして、ホーフェルドにおいて、権能の領域が、義務の領域と並んで独立の領域を形成した。

第3章では、「法律関係の記述における権能概念の役割の拡張」という観点から、アメリカの三人の論者、コクーレク、ハイルマンおよびゴーブルの法律関係論を検討した[1]。コクーレクは権能概念に重要な拡張を施した。ハイルマンは、ホーフェルドの体系において権能が中心的役割を果たすとし、ゴーブルは、法律関係はすべて権能および責任の存在・不存在に還元することができるとした。彼らの議論は、立場は異なるが、法律関係の記述において権能の果たす役割を重視しているという点に特徴がある。

---

1) ホール（Jerome Hall）は、第2章および第3章で論じた論者のうちオースティン、ホランド、テリー、サーモンド、ホーフェルド、およびコクーレクによる概念の定義および対応関係を整理している（Hall（ed.）1938, pp. 526-32）。ただし、対応関係を示す表（Hall（ed.）1938, p. 527）は、コクーレクの特権、免除、不能、および無能力の位置づけが不正確である。

110   第 1 部のまとめ

　第 1 部では、コクーレク、ハイルマンおよびゴーブルの理論を一つの到達点としている。それは、法律関係の記述における義務の領域から権能の領域への重点の移行が、彼らにおいてその極致に達しているからである。彼らの議論は、権能概念ないし権能―責任関係が果たす役割の大きさを示しているという点で、高く評価される。法律関係の記述、とりわけその変化まで視野に入れた記述においては、どの人格がいかなる権能をもつかの考察が不可欠となる。法律関係ないし法的地位の変化という動的側面の記述を重視する方向を突き詰めると、いかなる理論にたどり着くかの道筋を示唆しているというのが、彼らの議論を参照する意味である。彼らの議論の検討を通じて、法律関係の記述における権能概念の重要性を示すことができれば、第 1 部の目的は一応達成されたと言える。

　ただし、第 1 部では学説史を考察の中心に据えたこともあり、理論的考察には十分に踏み込むことができなかった。筆者は、第 1 部で検討した学説史の成果を踏まえたうえで、権能概念を中心に据えた法律関係論を展開することを構想している。このような構想を実現するためには、以下のような論点について、より詳細に考察しなければならない。すなわち、権利と権能の関係、義務者がもつ権能、義務の領域と権能の領域の相互関係などである。これらの論点を含む理論的考察を、第 2 部で行う。

第2部　法律関係分析における権能概念の役割

第 2 部のはじめに

　第 2 部では、法律関係分析において権能概念が果たす役割の理論的考察を行う。そこでは、ホーフェルドが提示した法律関係概念を基礎として考察を進めていく。第 1 部で検討したように、筆者は、コクーレク、ハイルマンおよびゴーブルの分析を分析法理学における法律関係論の到達点とした。彼らの議論は、権能概念の役割の拡張という点で、ホーフェルドの分析を先へ進めたものである。しかし、法律関係の分析において議論の出発点とされるのは、多くの場合ホーフェルドの分析である。そこで以下でも、ホーフェルドが提示した概念や用語法を基礎としたうえで各論点について議論していきたい。ホーフェルドの法律関係分析については第 2 章第 6 節で詳述したが、ここでは第 2 部での議論の前提として、その要点を記しておく。

1. ホーフェルドの法律関係分析

　ホーフェルドは八つの概念を用いて法律関係を記述した。それを相関関係ごとにまとめると以下のようになる。

　（1）権利（right）―義務（duty）関係：ホーフェルドは、権利という語を義務の相関概念として用いるべきであるとする[1]。たとえば、「X は Y に対し、自己所有の甲土地に立ち入らないことを求める権利をもつ」と「Y は X に対し、甲土地に立ち入らない義務を負う」は同義であり、ここでは X の権利と Y の義務が相関して一つの法律関係を形成する。

　1）「権利」という語は、義務の相関概念としての用法以外に、義務に相関する権利（請求権）、特権、権能、および免除（論者によっては責任なども）の地位を総称するものとして、あるいはこれらの地位の複合として用いられることがある。しかし、以下では特に断らない限り、権利の語を義務の相関概念として用いる。

114　第2部のはじめに

　(2) 特権（privilege）—無権利（no-right）関係：特権は義務の不存在を、無権利は権利の不存在を意味する。たとえば、「Y は X に対し、X 所有の甲土地に立ち入らない義務を負わない（＝X は Y に対し、甲土地に立ち入らないことを求める権利をもたない）」は「Y は X に対し、甲土地に立ち入る特権をもつ（＝X は Y に対し、甲土地に立ち入らないことを求める無権利をもつ）」と言い換えることができる。

　(3) 権能（power）—責任（liability）関係：ある人格が自身の行為によって他の人格または自身の法的地位を変化させることができる場合、前者は権能をもち、後者は責任を負う[2]。たとえば、X が Y による契約の申込みを承諾することによって、Y において契約上の義務を生じさせることができる場合、X は Y に対し、当該義務を生じさせる権能をもち、Y は X に対し、当該義務を生じさせられる責任を負う。

　(4) 免除（immunity）—無能力（disability）関係：免除は責任の不存在を、無能力は権能の不存在を意味する。たとえば、X が Y 所有の甲土地を第三者に譲渡することによって Y の法的地位を変化させることができない場合、Y は X に対し、このような法的地位の変化に服しないという意味で免除をもち、X は Y に対し、Y の法的地位を変化させることができないという意味で無能力をもつ。

ホーフェルドは、これらの概念はすべて根本的なものであり、義務の領域の各概念——権利、義務、特権、および無権利をまとめて「義務の領域」と呼ぶ——と権能の領域の各概念——権能、責任、免除、および無能力をまとめて「権能の領域」と呼ぶ——は相互に還元不可能であるとする。他方で、ある概念は別の概念を前提とする、あるいはある概念は別の概念に還元されうると主張されることがある。第5章以降では、権能の領域と義務の領域の

2）　ホーフェルド自身による権能の説明については、Hohfeld 1923, pp. 50-1. ホーフェルドは異なる二人格間の権能—責任関係を念頭に置いていたものと思われるが、ここでは自分自身に対する権能も存在しうるという前提で説明している。この点については、第4章第1節参照。

相互関係について、権能と義務の領域の各概念の関係を中心に考察する。

2. 用語について

　それぞれの法的地位には論者によって異なる語が当てられる場合がある。権利のかわりに請求権（claim, Anspruch）や義務ないし責務に相関する権利（right correlative to duty or obligation）など、義務のかわりに責務（obligation）など、特権のかわりに自由（liberty）や許可（permission, Erlaubnis）、（法的）許容（(rechtliches) Dürfen）など、権能のかわりに権限（competence, Kompetenz）や（法的）可能（(rechtliches) Können）、法的力（rechtliche Macht, Rechtsmacht）など、責任のかわりに従属（subjection, Subjektion）などの語が用いられることがある。本書では用語の問題には立ち入らず、基本的にホーフェルドの用語法を採用するが、他の論者が別の用語法を採用している場合には、それに従う。

3. 第2部の論述の流れ

　まず第4章では、権能概念の定義や分類に関する諸論点を検討する。上の説明ではさしあたり、ある人格が自身の行為によって他の人格または自身の法的地位を変化させることができる場合、前者は権能をもつと説明したが、権能に関してはいくつかの検討すべき事項がある。

　第5章および第6章では、権利─義務関係における各当事者がいかなる権能をもつと考えられるかを考察する。第5章では、ある人格が権利をもつと言えるためには、義務の違反がなされた場合に、訴訟など、権利の強制または救済、もしくはサンクションのための手続を開始する権能──強制権能──が当該人格に付与されることが必要かという論点について、強制権能説および否定説の両方の立場を比較検討する。強制権能説に立てば、権利の存在が強制権能によって基礎づけられるということになる。ただし、強制権能説の中でも、強制権能以外の要素も権利の定義の中に加えるかどうかをめぐって、見解が分かれている。これに対し、反対説をとる論者は、義務に相関する権利をもつ人格を、強制権能以外の基準（たとえば「利益（interest, benefit)」など）によって決定する。筆者は、権利概念の明確さという理由から、権利を強制権能のみによって基礎づける立場を支持する。

そして第6章では、義務者がもつ権能について考察する。義務の履行や義務の違反を権能の行使と考えれば、義務者が一定の権能をもつと考えることができる。コクーレクは義務権能および反義務権能という形で、義務者がもつ権能を明示した。これらのうち、義務権能は必ずしも義務と一緒に存在するとは限らない。反義務権能の存在を認めることに対しては批判があるが、筆者は反義務権能の存在を認めることに問題はないと考える。

最後に、第7章では、義務の領域と権能の領域の相互関係について、一方は他方に還元可能か、もし還元可能であるとすれば各概念をどのように対応させるのが適切かを検討する。筆者は、義務の領域は権能の領域に還元可能であるという立場をとる。ただし、権利を権能に、義務を責任に還元するのは不十分である。義務者が義務違反によって法的地位を変化させうるという点を考慮すれば、権利―義務関係においては、第一義的には義務者が権能をもつと考えるべきである。

第2部では、ホーフェルドの分析を基礎としつつ、義務の領域と権能の領域の相互関係に着目して、問題となりうる論点について検討していく。以下の論述は、各論点について様々な論者の見解を検討したうえで筆者自身の立場を示すものである。そのため、各章の結論は必ずしもホーフェルドの立場と一致するものではない[3]。

3）　筆者によるホーフェルドの解釈については、第2章第6節参照。

第4章　権能概念をめぐる諸論点

「第2部のはじめに」では、ある人格が自身の行為によって他の人格または自身の法的地位を変化させることができる場合、前者は権能をもち、後者は責任を負うとした。しかし、この定義をそのまま受け入れてよいかは、議論の余地がある。以下では、権能概念に関して問題となる諸論点を検討する。

第1節　自分自身に対する権能

ある人格が権能の行使とみなされる行為をなすことによって自分自身の法的地位を変化させることは珍しくない。そこで、自分自身に対する権能、ないしは同一人格間での権能―責任関係の存在を認めるべきか否かが問題となる。このような問題点を指摘し、ある者は自分自身に対する権能をもちうるとするのはウェルマン（Carl Wellman）である。

　　権能の行使によってその地位が変化させられるだろう当事者が必然的に法的権能をもつ人格以外の誰かであると考える点でも、ホーフェルドは誤っている。ある者は自分自身に対する法的権能をもつことができるし、実際にもっていることがよくある。手術に同意する法的権能をもつ患者は、医師が彼の身体にメスを入れるべきでないという、医師に対する彼の法的請求権を消滅させる法的権能をもつ。ある一個の財産の所有者は、その財産を自発的買い手に売却することによって、あるいはその財産を自発的受贈者に贈与することによって、彼または彼女自身の所有者としての法的地位を消滅させる法的権能をもつ。確かに、ある法的権能の保持者たることとそれによって影響を受けることの間には概念上の区別がある。しかしながら、これらの論理的に異なる地位が異なる自然人によって占められなければならないということにはならない。

118　第4章　権能概念をめぐる諸論点

　　我々の結論は、ある単一の法的地位は二当事者間の法律関係である必要はな
　いというものでなければならない。……法的権能の概念は関係的であり、必然
　的に権能の保持者を、その法的地位が権能の行使によって変化させられるだろ
　う当事者と関係づけるが、この関係性は、ある人格と彼自身／彼女自身の間で
　も、あるいはある一つの人格と他の複数の人格の間でも存在しうる[1]。

　同一人格間での法律関係の存在を認めるのであれば、ウェルマンのように
同一人格間での権能─責任関係を認める方が、法律関係の記述としてはより
厳密である。ただし、法律関係を論じる際には、異なる二人格間の関係が前
提とされる場合も多い。本書では、ある人格の行為が自分自身と他の人格の
法的地位を同時に変化させうる場合、前者の地位は他の人格に対する権能に
よって代表させることがある。

第2節　出来事による法的地位の変化と
それに服する人格の地位

　法的地位の変化を生じさせる事実には、法的人格の行為によらないものも
ある。ホーフェルドはこれを「一人の人間（または複数の人間）の意思支配
のもとにない、ある事実または諸事実の付加[2]」と表現した。このような、
法的地位を変化させる事実のうち行為でないものは「出来事（event）」と呼
ばれる。出来事による法的地位の変化に服する人格の法的地位については、
これも「責任（liability）」とみなすべきであるとする立場と、権能に相関す
る責任とは異なる地位とみなすべきであるとする立場に分かれる。
　キャンベル（A. H. Campbell）は、ホーフェルドが「責任」の語を権能の
相関項としてのみ用いていることを批判し、次のように述べる。ホーフェル
ドによれば、法律関係は①ある人間の意思支配のもとにある諸事実によっ
て、および②ある人間の意思支配のもとにない諸事実によって変化させられ

---

1 ）　Wellman 1985, pp. 24-5. ウェルマンは義務に相関する地位を「請求権（claim）」
　とする。
2 ）　Hohfeld 1923, p. 50.

第2節　出来事による法的地位の変化とそれに服する人格の地位　　119

うる。第一の事例において、そのような人格は変化を生じさせる権能をもつと言える。しかし、第二の事例についてはどうか？　私は、人間の意思支配のもとにない事実によって私の法的地位が変化させられる責任も負っているのではないか？　ホーフェルドの図式は、他の誰かにおける権能に相関する私の責任のための場所を見出すが、人間活動から独立した出来事によって私の法的地位が変化させられる私の責任のための場所は見出さない[3]。キャンベルによれば、「責任」の語は権能の相関項としてだけではなく、出来事による法的地位の変化に服する地位を表す概念としても用いられるべきであるとされる。

　しかし、出来事による法的地位の変化に服する地位も「責任」と呼ぶことに対しては、批判がある。たとえばダイアス（R. W. M. Dias）は次のように述べる。

　　さらなる要点は、ある人格の法的地位は誰の支配のもとにもない出来事……によって変化させられうるということである。したがって、責任──これは権能に相関している──、すなわち法律関係（jural relation）と、現在の目的のために「従属（subjection）」と呼んでよいもの、すなわち非意思的な出来事によって変更されることを免れないある人格の地位との間に区別をつける必要がある。後者は法律関係ではない[4]。

　法律関係は、二つの人格と一つの行為を要素とする[5]。責任は権能の相関項として用いられ、権能をもつ相手方の存在を前提とする。本書は二人格間の法的地位の相関関係としての法律関係を考察の対象とするものであり、責任の概念もこうした相関関係の一つとしての権能─責任関係の一方の地位を表すものとしてきた。権能に相関しない責任を認めるというのは、このような用語法から外れるものである。「責任」の語については、従来どおり権能

3）　Campbell 1940, pp. 208-9.

4）　Dias 1985, p. 33.「従属」は権能に相関する地位を表すことがあるが、ダイアスの用語法はこれとは異なる。

5）　Finns 2011, p. 199; Kocourek 1927, p. 19; 1930, p. 273.

120　第4章　権能概念をめぐる諸論点

の相関項としての用語法に限定するのが適切であると思われる。したがっ
て、本書では出来事による法的地位の変化に服する地位を「責任」とは呼ば
ないこととする[6]。

第3節　法的権能と物理的力の区別

　ホーフェルドは、法的権能（legal power）と物理的力（physical power）を
区別する必要性を強調する。たとえば、財産の所有者がもつ、法的権能とし
ての譲渡権能と、この法的権能を行使するために必要なことをなす物理的力
は区別される[7]。ある人格が一定の法的効果を生じさせる法的権能を付与さ
れているが、何らかの理由によってその権能を行使することが実際上不可能
である場合に、この区別が重要となる。たとえばウェルマンは、法的権能と
物理的または知的能力の区別について、次のような例を挙げる。

　　法的に有効な遺言を作成する行為を考えよ。ロビンソン・クルーソーは、最
　終遺言を書くものや記録する道具をもたない、あるいは倒れて動けなくなって
　しまったために、遺言を作成する物理的能力（physical ability）を欠いている
　かもしれない。頭を激しく殴打された者は、署名の仕方を忘れてしまった、あ
　るいは混乱しすぎてはっきりと発音することができなくなってしまったため
　に、遺言を作成する心理的能力（psychological ability）を欠いているかもし
　れない。しかし、これらはすべて遺言を作成する法的能力（legal ability）と
　は無関係である。ある者が遺言を作成する法的能力をもつと言うことは、もし
　その人格が指定された行為を指定された状況において……なすとすれば、その
　行為は法的に有効な遺言を生じさせるだろうと言うことである。法的権能は法
　的地位であり、法のもとでのある者の地位である。ゆえに、法的権能の概念
　は、法がある知覚可能な人間行動に適用される仕方に言及する。当事者が法的
　に指定された方法で行為する知的または物理的能力をもつかどうかは、別の問
　題である[8]。

---

6)　出来事による法律関係の変化をどのように表記するかについては、cf. Marsh
　　1969; 1973.

7)　Hohfeld 1923, p. 58.

第4節　権能の行使は「法的地位の発生または消滅」を生じさせるものに限定されるか　121

　引用文中のロビンソン・クルーソーや頭を殴打された者は、遺言を作成することが事実上不可能であるにもかかわらず、遺言を作成する法的能力としての法的権能はもっている。法的権能と物理的力を区別することは、法的権能をもつことと、当該権能の実際の行使可能性が別物であるということを認識するうえでも重要である[9]。

第4節　権能の行使は「法的地位の発生または消滅」を生じさせるものに限定されるか

　法的権能は、自身の行為によって他の人格または自身の法的地位を「変化させる」ことができることであるとされる。ホーフェルドによれば、法律関係を変化させることは「新たな関係を創出すること、古い法律関係を消滅させること、または同時に両方の機能を果たすことのいずれかである」とされる[10]。

　しかし、法的地位の「変化」は、それらの「発生または消滅」に限定されないということが指摘される。たとえば、Xが自身の運転免許証を更新する法的権能を定期的に行使する時、Xは公道で自動車を運転する自身の特権の継続という効果を生じさせる。また、債務者は自身の債務を承認するこ

8）　Wellman 1985, pp. 47-8.

9）　本節の議論とも関連するが、権能（権限）概念については、いくつかの異なる理解の仕方があることが指摘されている。リンダール（Lars Lindahl）は、権能ないし権限の変種として、①してよい（May）または許可（permission）という観点から説明されうるもの、②実際の可能性（practical possibility）を表現したものと解される、できる（Can）という観点から説明されうるもの、および③「法的可能（rechtliches Können）」と呼ばれ、特殊専門的な法的意味における可能性を表現したものであるとみなされるもの、の三つが区別されうるとする。リンダールは権能を①の意味で用いる（Lindahl 1977, pp. 194-211, 212）。これに対し、スパーク（Torben Spaak）は、権限（competence）の理解として、①許可としての権限、②実際の可能性としての権限、および③仮定的可能性（hypothetical possibility）としての権限の三つを挙げ、①と②は権限の理解として不適切であるとし、③を支持する（Spaak 1994, pp. 80-99; 2009, pp. 74-5）。法的権能は許可とも実際の能力（practical ability）とも異なるとするものとして、Lindahl and Reidhav 2017, pp. 163, 181-2.

10）　Hohfeld 1923, p. 32.

122　第4章　権能概念をめぐる諸論点

とにより、消滅時効の中断という効果を生じさせることができる。これらの事例においては、現存する法的地位が消滅したり、新たな法的地位が創出されたりしているわけではないが、ある時点で法的地位の消滅を引き起こす出来事が起きることが妨げられている。ウェルマンは、このような例を引き合いに出し、法的地位が消滅または終了することを防ぐ行為も、新たな法律関係を創出したり古い法律関係を消滅させたりする行為と同様に、法的権能の行使であるとする[11]。

　このように、ある行為が一定の法的効果を生じさせるが、それが特定の法的地位の発生または消滅ではないとされる場合がある。これは、当該行為をなすことが、法的地位の発生または消滅をもたらす「出来事（event）」が起きることを防いだり、それが起きる時期をずらしたりするような場合であると言える。出来事が起きるか否かや、いつ起きるかに影響を与えることは、誰かの権能（またはその相手方の責任）を発生または消滅させる権能の行使として記述することはできない。しかし、出来事が起きるか否かや、いつ起きるかに影響を与えることも、法的地位が存続する期間に影響を及ぼすことであるから、それによって影響を受ける人格の法的状況を変化させることに変わりはない。したがって、「法的地位の変化」には、こうした場合を含めてもよいように思われる。

第5節　法的地位を「変化させない」ことができる場合について

　ここまではある人格が誰かの「法的地位を変化させる」ことができる場合に、当該人格は権能をもつとしてきた。では、ある人格が誰かの「法的地位を変化させない」ことができる場合、当該人格は権能をもつとみなされないか？

　マロック（Philip Mullock）は、以下のように述べて、変化を生じさせないことを内容とする権能は存在しえないとする。

---

11)　Wellman 1985, pp. 48-9.

第5節　法的地位を「変化させない」ことができる場合について　　123

　……権能それ自体は積極的なものに限られる。我々は、法律関係の変化をも
たらさない権能をもたない。遺言法は我々に法的に有効な遺言をする権能を付
与する。遺言法が、たとえば未成年者や心神喪失者を、遺言による財産処分の
権能が付与される人格のクラスから除外するという事実は、そのような除外さ
れた人格が遺言をしない権能をもつということではなく、それらの人格がそう
する権能をもたず、それゆえこの点について法的無能力のもとにあるというこ
とを意味する。……個人に法的に承認されたある目的を獲得しない権能を付与
するために制定されている第二次的権能付与ルールの概念は無意味である[12]。

　マロックはこのように、ある目的を獲得しない権能を付与するルールは無
意味であるという理由から、権能は積極的なものに限られるとする。

　これに対し、メイキンソン（David Makinson）は、ある当事者 x がある事
態 F であるよう取り計らわない（not see to it that F）権能をもつと述べるこ
とは、必ずしも無意味でないとする。このような権能は、その存在が常にトリ
ヴィアルに真であればそれを記述することは無意味であるが、メイキンソ
ンによればこれには次のような反例があるという。すなわち、裁判所の訴訟
手続についての一定のルールのもとで、被告人が「有罪」の答弁か「無罪」
の答弁のいずれかをすることを要求されている場合である。この時、尋問さ
れた時に話すことを拒めば被告人は「無罪」の抗弁をしたとみなすとする
と、被告人はどちらの答弁もしない法的権能をもたないとされる[13]。このよ
うな反例から、メイキンソンは、F が論理的に真でない時、ある当事者 x
が F でないよう取り計らわない権能をもつということはほとんど常にトリ
ヴィアルに真である（が、常にトリヴィアルに真ではない）とする[14]。

　ある人格が法的地位を「変化させる」ことができる場合だけでなく、「変
化させない」ことができる場合も重要視して、後者の場合にも当該人格が権
能をもつと考えることは、十分成立する立場である。しかし、このような権

12)　Mullock 1974, p. 80.
13)　Makinson 1986, pp. 413-4.
14)　Makinson 1986, p. 414. ただし、この反例が説得的であるかは、疑問である。とい
　うのは、この時被告人はいずれの答弁もしないことができるだけで、有罪の答弁も
　無罪の答弁も法的にしないことは可能だからである。

能が法律関係の記述にとってどの程度の意義を有するかは、疑問とせざるをえない。というのは、このような権能は、ほとんど常に、ほとんどすべての人格がもっていると考えられるからである。たとえば、AがBに対して契約の申込みをした場合、BはAに対し、申込みを承諾することによってAにおいて契約上の権利を生じさせる権能をもつ。そして、ある人格が法的地位を変化させないことができる場合に、当該人格が権能をもつとするならば、BはAに対し、Aにおいて当該権利を生じさせない権能ももつ。ところが、C、D、……といったB以外の人格も、Aにおいて当該権利を生じさせないままにしておくことができる。したがって、この場合、Bだけでなく、C、D、……もAにおいて当該権利を生じさせない権能をもつということになる。このような権能を認めることが実際上あまり意義を有するようには思われないので、本書ではもっぱら法的地位を変化させることを内容とする権能の方に着目し、ある人格が法的地位を変化させることができる場合に限って、当該人格は権能をもつとしたうえで論述を進めることにする。

第6節　小括

　本章では、権能概念をめぐって問題となる諸論点を検討してきた。まず第1節では、自分自身に対する権能を認めるべきかを論じた。ある人格は自身の行為によって自分自身の法的地位を変化させることができる。この点を考慮すると、自分自身に対する権能を認める方が、分析としてはより正確になる。

　第2節では、出来事が起きることによって自身の法的地位が変化する人格の地位について考察した。この地位も責任として記述すべきであるとする立場もあるが、「責任」の語については、従来どおり権能の相関項としての用法に限定する。

　第3節では、法的権能と物理的力が区別されるべきであるということを述べた。ある人格が法的権能をもつことと、それを行使するための行為をなすことが物理的に可能であることは区別され、ある人格に法的能力が付与され

ているが、その人格がその能力を行使することが事実上不可能である場合も、その人格は権能をもつされる。

　第4節では、ある人格における法的地位の変化は、ホーフェルド的意味における法的地位の発生・消滅だけでなく、出来事が起きるか否かや、いつ起きるかに影響を与えることによって法的地位の存続期間が変化することも含むと考えられるということを確認した。

　第5節では、ある人格が法的地位を「変化させない」ことができる場合、当該人格は権能をもつとすべきかという論点を検討した。このような場合に権能を認める可能性自体は否定しないが、本書ではもっぱら法的地位を「変化させる」ことを内容とする権能の方に焦点を当てて論述を進める。

第5章　権利と権能

　本章では、ある人格が権利をもつと言えるためには、義務違反がなされた場合に、訴訟など、権利の強制または適切な救済、もしくはサンクションのための手続きを開始する権能——以下、このような権能を「強制権能」と呼ぶ——が当該人格に付与されることが必要かという論点について考察する[1]。これは権利の概念規定にかかわる重要な論点であり、この論点をめぐる見解の違いは、誰が権利者かに関する立場の違いとなって現れる[2]。

---

1)　なお、権利と権能の関係については、このような権能に加えて、権利を放棄する権能などとの関係も問題となりうる。しかし、本章では主に強制権能との関係に注目して論述を進める。

2)　本章で検討する論点は、権利の本質をめぐる意思説（will theory, Willenstheorie）ないし選択説（choice theory）と利益説（interest theory, benefit theory, Interessentheorie）の対立とも関連している。クレイマーの整理によれば、意思説は、「Xが権利を有することの必要十分条件は、Xが権利の強制を要求または放棄する能力をもっており（competent）〔＝要求と放棄の間で選択することが事実上可能であり〕、かつそのことを授権されている（authorized）〔＝選択することを可能にする権能をもっている〕ことである」と考える。これに対し利益説は、「Xが権利の強制を要求または放棄する能力をもっており、かつそのことを授権されていることは、Xにその権利が付与されるのに必要でも十分でもない」と考えるとされる（Kramer 1998, p. 62. これは、義務に相関する権利ないし請求権についての整理である）。このように、権利と権能の関係は権利概念の本質ともかかわる論点である。しかし、以下の点で、意思説と利益説の対立構図は強制権能説と否定説の対立構図と必ずしもパラレルなものではない。まず、意思説と利益説の対立は、義務に相関する権利だけでなく、それ以外の地位（特権、権能、免除など）にも射程が拡大しうる。これに対し、本章で議論するのは、あくまで義務に相関する権利と強制権能の関係についてである。また、権利の本質をめぐっては他の対立点——たとえば、ある人格の利益保護は当該人格が権利をもつことの必要条件または十分条件であるかなど——もあり、論点は権利と権能の関係に限定されない。さらに、意思説における意思（意志の力、意思支配）の内容は、権能ないし可能（Können）ではなく許容（Dürfen）などである場合もあり、その内容は一定ではない（vgl. Portmann 1996, S. 13-4; Schulev-Steindl 2008, S. 17 ff.）。したがって、以下の論述では、権利の意思説と利益説という対立構図ではなく、「ある人格が権利をもつと言えるためには、義務違反がなされた場合に、

128　第5章　権利と権能

　第1節では、ある人格が権利をもつと言えるためには、義務違反がなされた場合に、強制権能が当該人格に付与される必要があると考える立場——以下、このように考える立場を「強制権能説」と呼ぶ——をとる論者の見解を検討する。

　しかし、権利と強制権能を結びつけることに対しては、批判がなされる。第2節では、強制権能説に反対する立場——以下、このような立場を、権利と強制権能の結びつきを否定する立場という意味で「否定説」と呼ぶ——について、反対する論拠ごとに検討する。

　なお、相手方の義務に相関するある人格の地位は、単に権利と表現される他に、請求権（claim, Anspruch）、義務ないし責務に相関する権利（right correlative to duty or obligation）、他者の行動を求める権利（Recht auf fremdes Verhalten）などの用語で表される場合がある。本章では用語の問題には立ち入らず、基本的には「権利」または「義務に相関する権利」と表現するが、ある論者がこれとは別の用語を用いている場合には、その用語法に従う。また、「権利」という語については、義務の相関項としてではなく、より広い意味で用いられることがある。しかし、本章ではホーフェルドの用語法に従い、「権利」という語を基本的には義務の相関項として用いることとする。

第1節　強制権能説

　本節で考察する論者は、義務違反がなされた場合に、ある人格に強制権能が付与されることが、当該人格が権利をもつと言えるための条件（あるいは複数ある条件の中の一つ）となっていると考える点で共通している。しかし、これ以外の必要条件を要求するか否か、また要求するとすればそれはどのようなものであるとするかについては、論者によって見解が異なる。

当該人格に強制権能が付与される必要がある」というテーゼを肯定するか否定するかという対立構図に基づいて論述を進める。

第1節　強制権能説　129

1.　ゴーブル

　第3章で検討したハイルマンとゴーブルは、強制権能説に分類することができる。ここではそのうちゴーブルの権利概念理解に触れておく。ゴーブルは、ホーフェルドの八つの概念のうち基礎的なものは権能であり、すべての法律関係および法的地位は権能および責任の存在・不存在に還元されうるとする[3]。ゴーブルによれば、権利─義務関係も諸権能─責任関係の特定の連鎖を一方または他方の当事者の観点から記述したものである。Aが自身勝訴、B敗訴の判決を結果としてもたらす一連の出来事を開始する権能をもつ場合、Aは権利をもち、Bは義務を負う[4]。たとえば、Aが甲土地を所有しており、Bが当該土地に対する不法侵害（trespass）を犯した場合、AはB敗訴の判決を裁判所になさしめる（すなわち、B敗訴の判決を下す権能を裁判所に与える）権能をもつ。そして当該判決は、Bから彼の財産の一部に関する彼の諸権能を剥奪する権能を執行官に与える権能を書記に与える権能をAに与える。このような場合に、AはBに対して権利をもち、BはAに対して義務を負うとされる[5]。

　ゴーブルの立場は、権利を強制権能──ゴーブルの用語では、「成功する訴訟の権能（power of successful action）」──に還元してしまうものであり、強制権能説の中でも最も極端な立場である。

2.　ケルゼン[6]

（1）　権利の種類

ケルゼン（Hans Kelsen）は、個人の権利を①単なる反射権（bloßes Reflex-

3）　Goble 1935, p. 535.

4）　Goble 1935, p. 538.

5）　Goble 1935, p. 538.

6）　ケルゼンの権利概念については、新2009, 35頁以下；大塚1996; 2014, 55-68頁；神橋2008, 201頁以下などを参照。新正幸は、ケルゼンの権利論・基本権論の変遷を、1911年に初版が出版された『国法学の主要問題（*Hauptprobleme der Staatsrechtslehre*）』（Kelsen 1923）における初期の学説と、『一般国家学（*Allgemeine Staatslehre*）』（Kelsen 1925）以降の後期の学説に分け、他の論者との比較を交えつつ詳細に論じている。ここでは、1960年に出版された『純粋法学』第2

recht）、②技術的意味における権利（subjektives Recht im technischen Sinn）
（技術的意味における私権）、③政治的権利（politisches Recht）、④当局による
積極的許可としての権利（subjektives Recht als positive behördliche Erlaub-
nis）に分類する[7]。

このうち、義務との相関で問題になるのは①単なる反射権、および②技術
的意味における権利（私権）である[8]。以下では、まずケルゼンにおける義
務と権利の関係に関する基本的立場を明らかにし、その後義務との相関で問
題になるこれらの権利について検討する。

（2）　義務とサンクション

ケルゼンは、法義務の概念をサンクションとしての強制行為と結びつけ
る。ケルゼンによれば、法規範と法義務、およびサンクションの関係は次の
ようになる。

　　社会秩序によって命令されたある個人の行動（Verhalten）は、この個人が
　義務づけられている行動である。換言すると、ある個人が一定の方法で行動す
　る義務を負うのは、この行動が社会秩序によって命令されている場合である。
　ある行動が命令されているということと、ある個人がある行動を義務づけられ
　ている、すなわちそのように行動することがその個人の義務であるということ
　は同義の表現である。……法は強制秩序として理解されるから、ある行動が客
　観的に法的に命令されており、それゆえ法義務の内容とみなされるのは、ある
　法規範が反対の行動にサンクションとしての強制行為を結びつける場合に限ら
　れる。……

　版（Kelsen 2000）における権利概念分析を中心に取り上げる。したがって、本書で
　取り上げるものは、新の分類によれば後期の学説における権利概念分析ということに
　なる。

7）　Kelsen 2000, S. 149（邦訳，142頁）．新 2009, 162-3頁も参照。②のカテゴリーは、
　技術的意味における「権利（subjektives Recht）」と表記される場合と、技術的意味
　における「私権（subjektives Privatrecht）」と表記される場合がある。

8）　ケルゼンは③および④の権利も法的力として特徴づけているため、「権利と権能
　（権限、法的力）の関係」という論点では、これらの権利も取り上げる必要がある。
　しかし、これらの権利は直接相手方の義務と相関する性質のものではないので、ここ
　では論じない。

……

　　……法義務の概念はサンクションの概念と本質的に関連している。法的に義
　務づけられているのは、自身の行動によって不法（Unrecht）、すなわち不法
　行為（Delikt）を犯し、それゆえサンクション、すなわち不法効果（Unrechts-
　folge）を惹起することができる個人、すなわち潜在的不法行為者（der poten-
　tielle Delinquent）であり、あるいは反対の行動によってサンクションを避け
　ることができる個人である[9]。

　ケルゼンは、法規範と法義務を同一視し、さらに法義務は必然的にその違
反に対するサンクションを伴うとする。したがって、サンクションを伴わな
い法義務（sanktionslose Rechtspflicht）は存在が否定される[10]。
　法義務に相関する相手方の地位としての権利について、ケルゼンは単なる
法義務の反射としての権利（反射権）と技術的意味における権利を区別す
る。

(3) 単なる反射権

　ケルゼンは、単なる義務の反射としての権利は法的事態の記述にとっては
余計なものであるとする。ケルゼンは、「ある個人がある一定の方法で行動
する権利をもつ」という言明が、「ある一定の個人が——またはすべての個
人が——ある一定の他の個人、すなわち権利者たる個人に対して直接、一定
の方法で行動することを法的に義務づけられている」という事態を念頭に置
いている場合[11]の権利と義務の関係について次のように述べる。

---

　9 ）　Kelsen 2000, S. 120-2（邦訳, 114-5 頁）.
　10）　たとえば、伝統的法律学が、サンクションを伴わないが法義務を構成する規範を
　　受け入れている事例として、いわゆる自然債務（Naturalobligation）がある。これ
　　は、その履行が訴えによって主張されえず、その不履行が民事執行の条件でないよう
　　な給付義務と性格づけられる。このような自然債務が給付をなす法義務とされるの
　　は、なされた給付が不当利得を理由として返還請求されえないからである。しかし、
　　ケルゼンによれば自然債務はサンクションを定立する規範——給付者が法的に義務づ
　　けられていない給付を行ったが、受領者が給付目的物を返還しない場合、訴えに基づ
　　いて受領者の財産に対して民事執行がなされるべし、という規範——の効力が制限さ
　　れる場合にすぎず、サンクションを伴わない義務を想定しなくても説明可能であると
　　される（Kelsen 2000, S. 53（邦訳, 50 頁）. 神橋 2008, 268 頁参照）。

132　第5章　権利と権能

　ある個人が他の個人に対して義務づけられている行動には、他の個人の一定
の行動が対応する。この他の個人は、ある個人が彼に対して義務づけられてい
る行動を他の個人に要求する、すなわちこの行動を請求することができる。
……

　ある個人の義務づけられた行動に対応する他の個人の行動は、多かれ少なか
れ一貫した用語法で、「権利（Recht）」の内容、義務に対応する「請求権（An-
spruch）」の対象と呼ばれる。ある個人の義務づけられた行動に対応する別の
個人の行動、とりわけ義務づけられた行動の請求（Beanspruchung）は、権
利の行使（Ausübung）と呼ばれる。しかし、ある一定の行為をなさない義
務、たとえば殺人、窃盗等々をなさない義務の場合には、殺害されない、窃盗
されない等々の権利や請求権については語られないのが通例である。受忍義務
（Duldungspflicht）の場合には、ある個人の義務づけられた行動に対応する他
の個人の行動は、権利の「享受（Genuß）」と呼ばれる。……

　しかし、このある個人の「権利」または「請求権」と呼ばれる事態は、他の
個人または諸個人の義務に他ならない。この場合に、ある個人の権利または請
求権について、あたかもこの権利または請求権が他の個人または諸個人の義務
とは異なるものであるかのように語られるが、それはただ一つの事態しか存在
しないのに、二つの法的に関係のある事態があるかのような外観が作り出され
るのである。問題となっている事態は、他の個人に対して一定の方法で行動す
る個人（または諸個人）の法義務でもって余すところなく記述されている。あ
る個人がある一定の行動を義務づけられているということは、反対の行動がな
された場合にサンクションが生じるべきであるということを意味する。この個
人の義務は、反対の行動にサンクションを結びつけることによってこの行動を
命令する規範である。……その者に対して義務が存在するところの個人の、義
務づけられた行動に対応する行動は、義務の内容を形成する行動においてすで
に同時に定められている。その者に対して他の個人が一定の行動を義務づけら
れているところのある個人とこの他の個人の関係が「権利」と呼ばれるが、こ
の権利はこの義務の反射にすぎない。

　その際、留意すべきは、この関係における「主体（Subjekt）」はただ義務づ

---

11)　上記の言明は別の事態、たとえば問題となっている行動がその個人に法的に禁止
　されていない、この消極的な意味において許可されている、ある一定の行為をなすま
　たはなさないことが自由であるという消極的事実を念頭に置いている場合もある
　（Kelsen 2000, S. 131（邦訳, 125頁））。

けられた個人、すなわち自身の行動によって義務に違反する、または義務を履行することのできる個人のみであり、権利を付与された個人、すなわちその者に対してこの行動がなされなければならないところの個人は、義務づけられた行動に対応するものとして、そこで同時に定められている行動の客体（Objekt）にすぎないということである。法義務の単なる反射である権利のこの概念、すなわち反射権の概念は、補助概念として法的事態の記述を容易にするかもしれないが、法的事態の学問的に正確な記述という観点からは余計である[12]。

　このように、義務の履行を求めるある個人の地位としての権利（ないし請求権）は、単なる義務の相関物にすぎないとされる[13]。権利が技術的意味における権利を含意しない場合には、権利者の地位は相手方の法義務に還元されうるので、権利はそれ自体では独自の重要性をもたない地位であるというのが、単なる反射権についてのケルゼンの立場である[14]。

（4）　技術的意味における権利

　法義務の相関物にすぎない反射権とは異なり、法義務に還元されない独自の意味をもつのが、技術的意味における権利（私権）である。この種の権利は、「法的力（Rechtsmacht）」としての権利であるという点で単なる反射権以上の内容をもつ。ただし、それは法義務と無関係のものではなく、相手方の法義務の存在とその違反を前提とする[15]。ケルゼンはこのような法的力としての権利の性質を、いわゆる権利の意思説（Willenstheorie）と関連づけながら次のように説明する。

　　伝統的法律学において、利益説（Interessentheorie）にいわゆる意思説が対置される。それによれば、権利とは法秩序によって付与された意思の力（Willensmacht）である。それをもって、利益説が関係しているのとは別の対象が定義されている。すなわち授権（Ermächtigung）、法秩序によってある個人に

12)　Kelsen 2000, S. 131-3（邦訳, 125-6 頁）.
13)　Kelsen 1945, p. 77（邦訳, 147 頁）.
14)　このようなケルゼンの立場に対する批判として、新 2009, 198-201 頁参照。
15)　新 2009, 229 頁。

134 第5章 権利と権能

付与された法的力である。この法的力は、法義務を構成するサンクションの諸条件のもとで、その執行を求めて訴え（Klage）という形式において法適用機関に向けられるべき、通常はその者に対して義務が存するところの個人の訴訟（Aktion）が提起されている場合に、存在する。その時、この機関が自身によって適用されるべき一般的法規範を適用する、すなわちこの機関によって認定された具体的不法要件に具体的不法効果を結びつける個別的法規範を定立することができるのは、授権された個人——すなわち原告——によるそれを目指す申立て（Antrag）が存在する場合に限られ、この申立てによって法適用機関の手続、特に裁判手続がはじめて開始される。その時、法、すなわち法機関によって適用されるべき一般的法規範がある一定の個人の、通常はその者に対してある他の個人がある一定の行動をなすことを義務づけられているところの個人の処分に委ねられている。そしてこの意味において、——客観的——法は実際にその個人の権利（Recht）である。……

　問題となっている事態は、他の個人に対して一定の方法で行動するある個人の義務の叙述をもっては、余すところなく記述されていない。というのは、本質的契機は、法秩序によって他の個人に付与された、ある個人による義務の不履行を訴えによって主張する法的力だからである。この法的力のみが、その行使によって主張されるべき法義務と異なる事態である。この法的力の行使においてのみ、個人は法義務とは異なる権利の「主体」である。法秩序がこのような法的力を付与している場合にのみ、法義務とは異なる主観的意味における法、すなわち、法義務の不履行を主張するために付与される、技術的意味における権利が存在する。この法的力の行使が、語の本来の意味における権利行使（Rechts-Ausübung）である。……

　伝統的理論によれば、ある個人のあらゆる権利の中に、他の個人の行動を求める「請求権」、しかも他の個人がある個人に対して義務づけられている行動、すなわち反射権と同一の法義務の内容を形成する行動を求める請求権が含まれている。しかし、法的に有意な意味における「請求権」は、語の技術的意味における権利であるために反射権に備わっていなければならない法的力の行使においてのみ提起される。その者に対して他の個人が一定の行動を義務づけられているところの個人が、義務の不履行を訴えによって主張する法的力をもたなければ、この個人が義務の履行を求める行為は何ら特別の法的効果をもたず、この行為は——それが法的に禁止されていないということを度外視すれば——法的に無意味である。それゆえ、法的効果をもつ行為としての「請求権」が存

在するのは、技術的意味における権利、すなわち、ある個人に対して存する法義務の不履行を訴えによって主張するその個人の法的力が存在する場合に限られる[16]。

このように、技術的意味における権利は、義務の不履行を訴えによって主張する法的力として規定され、他の個人の行動を求める請求権は技術的意味における権利が存在する場合にのみ、法的に有意なものであるとされる。そして、このような技術的意味における権利は、権利者に対する授権という性格をもつ[17]。

技術的意味における権利が存在するためには、義務違反の場合に訴えを提起する法的力が法秩序によって付与されなければならない。一方、技術的意味における権利を伴わない単なる反射権は相手方の義務に還元される地位であり、独自の意味をもたない。

(5) 権利と義務の関係

ケルゼンにおける権利と義務の関係を整理すると以下のようになる。まず、法義務が存在するためにはその違反に対するサンクションが存在しなければならない。そして、このような法義務との関係で権利を語りうるのは次の場合に限られる。すなわち、ある人格（A とする）に対して他の人格（B とする）が一定の行動をなす法義務を負っており、かつ義務の不履行があった場合に A がサンクションの開始を求めて訴えを提起する法的力をもっている場合である。つまり、ケルゼンにおいて、技術的意味における権利が存在するためには単に相手方の法義務が存在するだけでは不十分であり、義務

---

16) Kelsen 2000, S. 139-40（邦訳, 132-4 頁). この箇所でケルゼンは、意思説における意思の力でもって法的力としての権利が表現されているとしている。初期のケルゼンはヴィントシャイトに代表される意思説に対して批判的であった（Kelsen 1923, S. 584 ff. 新 2009, 67-70 頁参照）。利益説に対しては初期から後期まで一貫して批判的である（Kelsen 1923, S. 567 ff.; 2000, S. 137-9（邦訳, 131-2 頁))。

17) Kelsen 2000, S. 140（邦訳, 134 頁). 技術的意味における権利が法的力を意味し、この法的力が「授権」の一特殊事例であるとされる（Kelsen 2000, S. 150（邦訳, 143 頁))ように、ケルゼンが権利を授権であるとする点は、後期の権利論の特質であるとされる（新 2009, 237-8 参照）。

136　第5章　権利と権能

の不履行があった場合に訴えを提起することが権利者に授権されていること
が必要になる。したがって、ケルゼンにおける義務に相関する権利の概念
は、義務者側における法義務と権利者側における法的力という二つの要素に
よって定義されていると言えるだろう[18]。

　技術的意味における権利の説明を見れば、ケルゼンは義務に相関する権利
を権能（ケルゼンの用語では法的力ないし権限）によって定義する立場である
と言ってよいかもしれない[19]。確かに、反射権は法的力としての技術的意味
の権利がなくても存在しうる。しかし、ケルゼンは反射権を本来の意味にお
ける権利としては扱っていない。ケルゼンにおいて単なる反射権は独自の意
義をもつものではなく、本来の意味における権利はあくまで法的力として定
義される。この点を考慮し、ここではケルゼンを強制権能説に分類した[20]。

---

18)　神橋一彦はケルゼンにおけるこのような権利の構造を以下のように図式化する
　（神橋 2008, 235 頁）。
　　　「法的義務」＋「技術的意味の権利」＝「権利」
　　　「権利」－「技術的意味の権利」＝「法的義務」
　　また、新は、技術的意味における権利が重層構造をもつとする。すなわち、「この
　ような『技術的意味における権利』は、『法義務の単なる反射以上のもの』であるが、
　しかし『法義務』と無関係のものではない。それは、どこまでも、『法義務』の存在、
　したがって『法義務の反射としての権利』の存在を前提とし、その『義務の不履行』
　を訴えによって主張しうる『法的力』である。したがって、この意味における『技術
　的意味における権利』は、その内に『法義務の反射としての権利』を含むところの、
　いわば重層構造をもつものと考えなければならない。逆にいえば、既に引用したよう
　に、『法義務の反射としての権利』が、その法義務の不履行を訴えによって主張しう
　る『法的力』によって、『装備されている（ausgestattet）』のである」（新 2009, 229
　頁）。
19)　Cf. Spaak 1994, p. 146.
20)　もっとも、ケルゼンは不法行為に対する強制行為としてのサンクションを規定す
　る法規範のみを自立的法規範とし、授権規範は非自立的法規範であるとする
　（Kelsen 2000, S. 57-8（邦訳、54-5 頁））。したがって、ケルゼンの法規範論において、
　授権ないし法的力としての権限が基礎的概念として位置づけられるわけではない。な
　お、このような法規範理解に対し、ケルゼンの解釈ないし再構成として、授権規範を
　中心に据える論者がいる。菅野喜八郎は、法が強制秩序であるとしても、特に強制規
　範のみを自立的とし、授権規範を非自立的とする根拠はなく、むしろ強制規範は授権
　規範の一種であり、授権規範こそが法秩序の中核を形成するとする（菅野 1988, 106-
　12 頁）。ポールソン（Stanley L. Paulson）は、ケルゼンの後期の著作において当為

3. ロス

ロス（Alf Ross）[21] は、責務（obligation）に相関する請求権（claim）を、訴訟を提起する権能（power）と当該権能の行使に関する両面的自由によって規定する。ある人格の責務に相関する請求権をもつ人格は次のような仕方で特定される。

> Bの請求権はAの責務の相関物（correlate）である。Bとは誰か？ Bは以下の二つの条件を満たす人格である。すなわち、(1) 訴訟を提起することによって、Aにサンクションを科する判決を得るために法的装置を始動させることが排他的に可能な者がBであり、かつ (2) Bは自分の好きなように訴訟を提起することもしないことも自由でなければならない[22]。

引用文中の (1) によれば、責務に相関する請求権をもつ人格は、訴訟を提起することによって判決を得る権能をもっていなければならない。たとえば、AがBに対して金銭債務を負っているとする。たいていの場合、Bが支払期日にAに、支払うべき金額を要求すれば、Aに彼の責務を履行させるのに十分である。しかしそれが十分でない場合、Bが——そしてBだけが——訴訟を提起することによって、規範をAに向けることができる。このように、訴訟を提起することによって裁判および執行という法的装置を起動させることを授権されている（empowered）人格のみが、請求権をもつ。

は法官吏に向けられた仮言的授権様相であり、ケルゼンは授権が根本的様相であると考えているとする解釈を提示する（Paulson 1988, pp. 67-70）。またポールソンは、法義務をサンクション権限に基づかせる可能性についてのケルゼンの記述（Kelsen 1987, S. 75）から、ケルゼンは法義務を授権規範の組み合わせから構成される派生的概念にすぎないとし、再構成された形における法規範は授権であるとしているとする（Paulson 2012, pp. 78-85. Vgl. Paulson 2005, S. 214-5. ポールソンに対する反論として、Alexy 2013, pp. 240-5）。

21) Ross 1968においては、ホーフェルドにおける権利は「請求権（claim）」、義務は「責務（obligation）」、特権は「許可（permission）」、無権利は「無請求権（no-claim）」、権能は「権限（competence）」、責任は「従属（subjection）」にそれぞれ置き換えられている。免除と無能力についてはホーフェルドと同じである。

22) Ross 1968, p. 127.

138 第5章 権利と権能

請求権についてのこの定義から、ある人格が行為者（＝責務を負う人格）の行動に対して利害関係をもっていても、上述の権能をもっていなければその人格は請求権をもたないということになる。たとえば、Aが、Cに100ポンドを支払うことをBと約束したとする。ここでBだけが訴訟を起こすことができるとすると、この場合請求権をもつのはBのみであり、Cは請求権をもたない[23]。

また、訴訟を起こす権能をもつ人格は、この権能を行使することが自由である——すなわち、この権能を行使する責務も行使しない責務も負っていない——場合にのみ、請求権をもつ（上記引用文中の (2)）[24]。したがって、この権能を行使する責務を負っている場合などは、請求権は存在しない。たとえば、刑法上の責務を考えると、検察官（public prosecutor）は法によって課せられた指示に沿って権能を行使することを法的に責務として課せられており、訴えることも訴えないことも自由であるわけではない。この時、ロスによれば、刑法上の責務には被害者においても国家においてもいかなる請求権も相関しないとされる[25]。

以上のように、ロスは責務に相関する請求権をもつ人格を、訴訟を提起する権能をもっており、かつ当該権能を行使してもしなくてもよい人格とする。この点だけを見れば、ロスにおいて請求権は権能によって基礎づけられているとも言えそうである。

ただし、ロスによる法規範理解も考慮すると、そのように単純化することはできない。ロスは、権限規範（norms of competence）は行為規範（norms of conduct）に還元可能であり、権限規範の諸様相（modalities of norms of competence）——権限（competence）[26]、従属（subjection）、免除、無能力

---

23) Ross 1968, pp. 127-8. ロスは、BだけがAに対する請求権をもつと言うことが現行の用語法に最も合致するとする。

24) ロスは「自由（liberty）」の語を両面的な許可の意味で用いる。すなわち、ある行為が禁止も命令もされていない場合、その行為は自由と呼ばれる（Ross 1968, p. 128）。

25) Ross 1968, p. 128.

26) ロスは権能（power）と権限（competence）を区別する。権能は、ある人格が、自身の行為によって望んだ法的効果を生じさせることができる場合に存在する。権限

——は行為規範の諸様相（modalities of norms of conduct）——責務、請求権、許可、無請求権——によって表すことができるという立場をとる。ロスによれば、従属の地位にある人格は、権限をもつ人格が権限を行使し、その結果としてある規範が創出された場合には、その規範に従う責務を負うことになるので、権限規範は行為規範に還元されうるとされる[27]。その帰結として、Bに対するAの従属は、責務、請求権などによって表現されるAの法的地位が、Bの処分に応じて定義されることを意味するので、権限規範の四つの様相——権限、従属、免除、無能力——が行為規範の四つの様相——責務、請求権、許可、無請求権——に還元されうるということになる[28]。

は権能の特殊事例であり、法規範（または法的効果）を、それらを創出するという趣旨の意思の表明（enunciation）によって、そしてそれに従って創出する能力であり、法律行為（*actes juridiques*, acts-in-the-law）によって行使される（Ross 1968, p. 130）。

　　しかし、ロスによる権能と権限の区別をめぐっては、いくつか不明な点がある。第一に、「権限規範」が権限を創出するものに限られるのか、権能を創出するものも含むのか、必ずしも明らかでないという点である。ロスの叙述には、権限規範が権能を創出する場合も含むように読める箇所（Ross 1958, p. 32）と、構成的（constitutive）規範としての権限規範の特殊性を強調し、権限を創出するもののみを権限規範としているように読める箇所（Ross 1968, pp. 130-1）がある。第二に、権限規範の諸様相の、権限以外のものが権能によって説明されているという点である。ロスの叙述からは、「従属（subjection）」は権能に相関する地位も表すように読み取れる。すなわち、ロスは従属を「権能（権限）の相関」ないし「権能または権限の相関」としている（Ross 1958, p. 167; 1968, p. 132）。さらに、ロスは免除および無能力も「権能」を用いて説明している。それは次のようなものである。「否定を表す用語として、それら〔＝免除と無能力〕は法的権能に服しないあらゆるものを含む」（Ross 1958, p. 168; 1968, p. 134）。このように、ロスにおいては、権能と権限の使い分けが不明確な点がある。ロス自身、「権限と、権能の他の事例の間の境界は流動的である」と述べている（Ross 1958, p. 166）。ここではさしあたり、権限が権能の一種であるという点を押さえたうえで、特にこれらの概念の区別にはこだわらずに議論を進めていきたい。

27)　Ross 1968, p. 118. ただし、相手方による権限の行使の結果として、権能に服する人格、すなわちロスの用語で従属（ホーフェルドの用語では責任）の地位にある人格の責務が消滅する場合もあるので、ロスの叙述は極めて不正確である（cf. Kramer 1998, p. 108）。

28)　Ross 1958, p. 162. さらに、ロスによれば、行為規範の四つの様相と権限規範の四つの様相は、それぞれ互いに還元可能であるので、八つの様相はすべて責務へと還元可能であるとされる（Ross 1958, p. 162; 1968, p. 120）。

140　第5章　権利と権能

　このようなロスの基本的立場を前提とすると、単純に権能（権限）の方が請求権よりも基礎的な概念であると言うことはできない。規範に関するロスの考え方を加味すると、むしろ逆に、行為規範の諸様相の方が権限規範の諸様相よりも基礎的なものであるということになる。ここでは、ロスが、ある人格が請求権をもつと言えるためには、当該人格が上述のような内容の権能をもっていなければならないと考えていたということを確認したうえで、さしあたり彼の立場を強制権能説の中に分類している。

4.　ハート

　ハートは、責務（obligation）に相関する権利を、ある個人が法によって他の人格の義務に対する支配権（control）を与えられていることと特徴づける[29]。ハートは、刑法上の義務と民法上の義務の区別の文脈で、民事上の義務に相関する権利を次のように説明する。

　　その観念とは、ある個人が他の人格の義務に対して排他的で多かれ少なかれ広範囲にわたる支配権を法によって与えられているというものであり、その結果、その義務によってカバーされる行動の領域では、権利をもつ個人は、その者に対して義務が負われるところの小規模な主権者である。完全な程度の支配権は三つの区別しうる要素を含む。(i) 権利保持者はその義務を放棄しても存続させておいてもよい。(ii) 義務違反またはそのおそれが生じた後で、権利保持者はそれを「強制されない」ままにしておいても、損害賠償を求めて、あるいは一定の場合には義務違反の継続またはさらなる義務違反を禁じる差止命令または職務執行命令を求めて訴えることによってそれを「強制し」てもよい。そして (iii) 権利保持者は当該違反が発生させる、損害賠償を支払う責務

---

29)　Hart 1982a, p. 183（邦訳, 124頁）. なお、周知のようにハートは、自由権（liberty-right）、責務に相関する権利、および権能（power）という三種類の権利を「法的に尊重される選択（a legally respected choice）」という性質によって一般化する（Hart 1982a, p. 189（邦訳, 129頁））。このことから、ハートは権利の意思説の一種ないしその改良版としての権利の選択説（choice theory）をとっているとされる。前述のとおり、本章では権利の本質をめぐる対立には踏み込まないので、ここではハートにおける権利の一般理論には立ち入らず、責務に相関する権利に射程を限定して考察を進めている。

を放棄し、ないし消滅させてもよい[30]。

　ハートによれば、責務に相関する権利は、権利保持者が他者の責務を放棄するないし消滅させることも、強制することも、強制されないままにしておくことも自由であるような、法的権能の一特殊事例であるということになる[31]。

　責務に相関する権利についてのハートの立場も、それを構成する要素の中に強制権能が含まれているという点で、強制権能説の一種であると言える。ただし、この構成要素の中には強制権能以外の権能も含まれており、また、これらの権能は行使することもしないことも自由であるという性質を伴う。したがって、ハートにおける責務に相関する権利の概念は、単純な強制権能説と比べてはるかに複雑な構造をもっている。

5.　ウェルマン

　ウェルマンは、義務に相関する請求権（claim）[32]をもつ人格を、義務の不

---

30)　Hart 1982a, pp. 183-4（邦訳，124頁）．スタイナー（Hillel Steiner）によれば，ここでは正確には以下の六つの権能があるとされる。①義務の遵守を放棄する（すなわち義務を消滅させる）権能，②義務を存在したままにしておく（すなわち義務の遵守を要求する）権能，③義務の強制を求める（すなわち違反のおそれまたは現実の違反に直面して，義務を負う者への抑止，または義務を負う者による賠償を求める）訴訟手続を放棄する権能，④義務の強制を求める訴訟手続を要求する権能，⑤強制を放棄する権能，および⑥強制を要求する権能の六つである（Steiner 1994, pp. 69-70（邦訳，121頁）; 1998, p. 240）。ただし，これらをすべて権能とみなすことに対しては批判がある（Kramer 2013, pp. 250-8）。

31)　Hart 1982a, p. 188（邦訳，129頁）．

32)　ウェルマンは単一の法的地位としての"claim"と法的権利としての"claim-right"を区別する。ウェルマンによれば，法的権利はホーフェルドが提示した根本的法律概念の諸要素の複合体からなるとされる。つまり，法的権利は一つの定義核（defining core）と付随する諸要素（associated elements）からなる複合的なものであり，核となる要素に従って権利としての請求権（claim-right）、自由権（liberty-right）、権能権（power-right）、免除権（immunity-right）、および責任権（liability-right）に分類される（Wellman 1985, pp. 81 ff.）。

　　ウェルマンは法的権利を次のように説明する。あらゆる法的権利は一つの定義核をもつ。たとえば，返済を求める債権者の法的権利の定義核は，債務者が借りた金額を

142　第5章　権利と権能

履行またはそのおそれが生じた時に訴訟手続を開始する権能によって同定する。ただし、ロスやハートとは異なり、この権能以外に請求権をもつための条件は存在しない。

　ウェルマンは、上述のハートによる分析を高く評価しつつ、その難点を指摘する。すなわち、ウェルマンによれば、「法的請求権は法的権能の観点から分析されなければならないというハートの主張は全面的に正しく、十分に示唆に富むが、彼が提案した分析は不必要に、また望ましくない形で複雑である[33]」。ウェルマンの見立てでは、ハートは相対的義務（relative duty）あ

　　返済すべきであるという、債務者に対する債権者の claim である（Wellman 1985, p. 102; 1997, p. 69）。そしてこの核にはさまざまな付随的要素が結び付いており、この付随的要素が権利保持者に自由または支配（freedom or control）を与える（Wellman 1985, p. 93; 1997, p. 70）。たとえば、上述の債務者の claim に付随する諸要素は、少なくとも以下のものを含むとされる。すなわち、①訴える権能を行使する／しないことについての、債権者の両面的自由、②核となる claim を放棄して債務を帳消しにする債権者の権能、③核となる claim を放棄する権能を行使する／しないことについての両面的自由、④債務者または第三者からの支払を受領し、それによって返済を求める claim を終了させる、債権者の法的権能、⑤提供された支払を受領する債権者の自由、⑥債務者の単独行為（unilateral act）による債務の帳消しに対する、債権者の法的免除、⑦第三者が債権者との契約に違反するよう債務者を誘導すべきでないという、第三者に対する債権者の claim、などである。ゆえに、法的権利は単一の法的アドバンテージではなく、複数の法的アドバンテージの複合的構造であり、それらのアドバンテージが協働する形で、権利保持者に支配権（dominion）を付与する（Wellman 1985, p. 103）。

　　このように、法的権利は複合的であるという理由から、ウェルマンは単一の法的地位としての claim と、claim を定義核とする法的地位の複合体としての claim-right を区別する（同様に、liberty と liberty-right、power と power-right、immunity と immunity-right、liability と liability-right もそれぞれ区別される）。したがって、ここでは claim を「請求」、claim-right を「請求権」と訳す方が適切であるかもしれない。しかし、本書では一般的な慣行に従って claim を「請求権」と訳している。

　　こうした形で提示されるウェルマンの法的権利概念は非常に興味深いものであり、十分考察に値するものである。しかし、本章はあくまで法的義務に相関する単一の法的地位としての法的請求権の定式化に注目するものであり、ウェルマンの権利論に踏み込むことは本章の問題関心から外れることになる。したがって、ここではウェルマンの権利論の本体を論じることはせず、法的請求権という単一の地位に関するウェルマンの議論だけを切り取って検討することにする。

33）　Wellman 1985, p. 72. なお、ハートによる責務に相関する権利の分析においては、両面的自由（bilateral liberty）という側面も重要であるが、これに対してもウェルマ

るいはそれに相関する請求権を、①当該請求権を放棄する権能、②義務の違反がなされた、またはそのおそれがある場合に訴える権能、および③義務の違反に対する損害賠償を放棄する権能という三つの権能で定義している[34]。このような定義から生じるハート説の難点として、ウェルマンは以下の二点を挙げる。

　一つ目は、これらの三つの法的権能は論理的に区別されるだけでなく、実際に分割可能であるという点である。相対的義務のパラダイム・ケースにおいて、義務の相手方はハートによる分析で言及された三つの法的権能すべてをもつ。しかし、相手方が三つの権能のうちいずれか一つを欠いているという事例のクラスや、いずれか一つしかもたないという事例のクラスがありうる。これらの様々な事例のクラスは法的に重要で理論的に興味深い形で異なっているが、相対的義務についてのハートの包括的な概念内容のもとではそれらは一緒にされてしまう[35]。

　二つ目は、ハートの定義に基づくと、法における相対的義務の概念（およびそれに相関する請求権の概念）が極めて複雑なものになるという点である。ウェルマンの見立てでは、ハートにおける相対的義務の概念は三つの異なる種類の法的権能を伴う。ウェルマンは、ハートにおける相対的義務の概念の複雑さは、当該概念をホーフェルドの目的——ホーフェルドは、根本的法律概念を、それらを用いて複雑な法的現象を最も単純な要素に分析するために特定することに関心があった——を達成するのには適切でない道具にすると批判する。そしてウェルマンは、哲学的分析の目的のためには、相対的により単純な概念の方がより複雑な概念よりも好ましいとし、相対的義務を、ハートが言及した三つの法的権能のうちの一つだけで定義することがホーフェルドの精神に沿っており、またホーフェルドの相対的な法的義務の概念内容のより忠実な解釈であるとする[36]。

　　ンは批判を加えている（Wellman 1985, p. 73）。

34）　Wellman 1985, p. 72; 1990, p. 194.

35）　Wellman 1990, pp. 194-5.

36）　Wellman 1990, p. 195.

144 第5章 権利と権能

では、ハートが挙げた（とウェルマンが解釈する）三つの権能のうち、どれを用いて相対的義務およびそれに相関する請求権を定義すべきか？　ウェルマンは②の権能が適切であるとする。③の権能、すなわち損害賠償を放棄する権能は、相対的義務の概念とその相関概念である請求権の概念にとって外在的なものである。法的義務は法的拘束（legal constraint）によって理解すべきであるから、法的拘束に直接関係する権能のみが法における相対的義務にとって本質的である。損害賠償を放棄する権能は、確かに権利としての請求権の侵害者を、権利保持者に賠償するあらゆる拘束から解放するが、一次的請求権が放棄されていない限りで、それは侵害者を相関する責務から解放しない[37]。また、①の権能、すなわち請求権を放棄する権能は、請求権の存在にとって本質的ではない[38]。ウェルマンは、相関する義務を強制するために法的訴訟手続を開始する権能によって法的権能を分析する彼自身のより単純な分析の方が、ハートのより複雑な分析よりも好ましいと結論づける[39]。

ウェルマンはこうした考察も踏まえて、相対的義務に相関する請求権を次のように定義する。

　　XがYに対して、Yがある行為Aをなすまたはなすことを差し控えるべきであるという法的請求権をもつのは、YがAをなすまたはなすことを差し控える義務を負い、かつXが、Yによる不履行のおそれがある、または実際に不履行があった場合に、履行または救済を求めて訴える法的権能、もしくは不履行を理由としてYを訴追する法的権能をもつ場合であり、かつその場合に限られる[40]。

なお、このように考えると、刑法上の請求権を国家、ないしはその代表としての検察官がもつということになる。ウェルマンは、刑法上の請求権について語ることは慣用語法に反しているということを認めつつ、請求権という

---

37)　Wellman 1985, p. 72.
38)　Wellman 1985, p. 72.
39)　Wellman 1985, pp. 72-3.
40)　Wellman 1985, p. 39.

言葉を刑法にも拡張することを提案する[41]。

6. 考察

本節で検討した論者たちは、ある人格が義務に相関する権利をもつと言えるためには、義務違反がなされた場合に、当該人格に強制権能が付与されなければならないと考える点では一致している。ただし、義務に相関する権利が存在するために、それ以外にも条件があるとするか否か、また条件があるとすればそれはどのようなものであるとするかについては、見解が分かれる。大まかに分類すると、①強制権能のみを条件とする立場（ゴーブル、ケルゼン、ウェルマン）、②強制権能に加え、当該権能を行使することに関する両面的自由を要求する立場（ロス）、③権利を放棄する／しないこと、権利を強制する／しないこと、および損害賠償義務を消滅させる／させないことに関する諸権能（および、これらの権能を行使することに関する両面的自由）によって義務に相関する権利を定義する立場（ハート）に分けられる。さらに、この権利が基本的に私法上のものであると考える（ケルゼン、ハート）か、刑法上の権利（請求権）も存在すると考えるか（ウェルマン）でも、見解が分かれる。

これらのうち最も単純なのは①である。この立場によれば、義務違反なされた場合に強制権能が付与される人格がすなわち義務に相関する権利をもつ人格であるということになる。この立場は、ウェルマンが述べるように、義務に相関する権利をもつ人格を特定する基準が単純であるという利点がある。

これに対し、②や③の立場をとる論者は、「権利（right）」や「請求権（claim）」という語の用法の観点から、単に強制権能だけで義務に相関する権利（請求権）を定義するのは不十分であると考える。このように考える論者は、強制権能だけでなく、それ以外の要素も義務に相関する権利が存在するための条件に加えることにより、より通常の用語法に近づけようとする。しかし、このように強制権能以外の要素を権利（請求権）の定義にもち込む

41）　Wellman 1985, pp. 35-9; 1990, pp. 200-1.

146　第5章　権利と権能

ことは、権利概念を必要以上に複雑化する。概念の明確さという観点から、筆者は、上の三つの立場のうちでは最も単純な①を支持する。

　強制権能説をとる論者は――強制権能以外の要素を権利概念の定義に含めるかについては争いがあるが――義務違反がなされた場合に強制権能が付与されることが、義務に相関する権利が存在するための条件（または複数の条件の中の少なくとも一つ）になっていると考える点では共通している。本節で検討した各論者は、義務に相関する権利の基礎に強制権能が存在するという立場をとる者である。こうした立場を徹底させれば、義務に相関する権利よりも権能の方が基礎的な概念であるという結論を導くことも可能だろう[42]。

第2節　否定説

　否定説をとる論者は、権利と強制権能の結びつきを否定する。その際に主に引き合いに出される論拠は、①法的に承認されているが、強制不可能（unenforceable）な権利が存在する、②強制権能をもちえない人格も権利をもつとすべき場合がある、といったものである[43]。以下では、①と②のそれぞれについて、このような論拠を提示する主な論者の見解を紹介しながら検討していく[44]。

---

42)　Cf. Spaak 1994, pp. 144-52. ただし、本節で検討した論者の全員がこのように考えるわけではない。義務の領域と権能の領域の関係、あるいは義務賦課規範（行為規範）や強制規範と権能付与規範（権限規範、授権規範）の関係についての理解は、論者によって異なる。強制権能説から権利を権能に還元する立場が必然的に導かれるわけではないが、そうすることが理論的に可能であるということをここでは指摘する。

43)　これらに加え、③放棄や譲渡が不可能な権利の存在も挙げられる。しかし、これは権利を放棄または譲渡する権能との関係で問題となるため、ここでは論じない。この問題については、cf. MacCormick 1977.

44)　これらの批判は、権利の意思説ないし選択説に対する利益説からの批判の論拠の一部ともなっている。

1. 強制不可能な権利

まず、強制不可能な権利の存在が、権利と権能を結びつけることを批判する論拠として挙げられることがある。ここでは、義務に相関する権利と権能の区別を十分に認識しつつ、強制不可能な権利としての不完全な権利（imperfect right）の存在を認めるサーモンド、および義務に相関する権利（請求権）を真正な権利（genuine right）と名目上の権利（nominal right）に区別するクレイマーの所説を検討する。

（1）　サーモンド──完全な権利と不完全な権利[45]

サーモンドは、義務に相関する狭義の権利（right in the strict sense）と権能を区別する。たとえば、金銭債務の支払を求める権利は、その回復を求めて訴える訴権（right of action）とは異なる。前者は狭義の権利であり、債務者の支払う義務に相関する。これに対し、後者は法的権能であり、債務者の訴えられる責任に相関する。これらの二つの地位が異なることは、権能としての訴権が消滅しているが、金銭債権自体は残っていることがあるということからわかるとされる[46]。

そして、（狭義の）権利とそれに相関する義務は、強制可能であるか否かによって完全な（perfect）権利および義務と不完全な（imperfect）権利および義務に区別される。法によって承認されるだけでなく、強制もされる義務が完全な義務であり、完全な義務に相関するのが完全な権利である。これに対し、強制不可能であるが、法によって承認されている義務が不完全な義務であり、不完全な義務に相関するのが不完全な権利である[47]。時効にかかった金銭債務の支払を求める権利が不完全な権利の例である。この時、債権者は債務者を訴える権能をもたないが、支払を求める狭義の権利はもっている。この場合、サーモンドによれば、債権者の権利は消滅したのではなく、不完全なものとなったにすぎないとされる。

---

45)　サーモンドの権利概念分析の詳細については、第2章第5節参照。そこでは主に *Jurisprudence* の初版（Salmond 1902）を参照したが、ここではフィッツジェラルド（P. J. Fitzgerald）による最新版である第12版（Salmond 1966）を参照する。

46)　Salmond 1966, p. 229.

47)　Salmond 1966, p. 233.

148 第5章 権利と権能

(2) クレイマー——真正な権利と名目上の権利

　クレイマー（Matthew H. Kramer）は、強制可能な真正な権利ないし請求権（genuine right or claim）と強制不可能な名目上の権利ないし請求権（nominal right or claim）[48]を区別し、権利の意思説は名目上の権利の存在を否定する点で適切でないとする。名目上の権利とは、権利保持者が義務を強制する権能をもたないか、または強制する権能を行使することができない場合の権利であり、これには名目上の義務ないし責務（nominal duty or obligation）が相関する[49]。

　意思説を含む、権利は強制可能性を前提とするという立場をとる論者は、強制不可能な名目上の義務に相関する名目上の権利の存在を否定することになる。たとえば、ある商品または労務の対価を弁済するYの義務が時の経過によって強制不可能である場合、ZはYに対し、いかなる請求権ももたない。この時、Yの名目上の義務はZに対して負われているものではなく、他のいかなる者に対して負われているものでもない。いかなる者もこの義務を強制する権能をもっていないので、いかなる者もこの義務に相関する請求権をもっていないということになる[50]。

　クレイマーは、強制不可能な法的権利を否定する意思説が、権利や義務が存在しない場合と名目上の権利や義務が存在する場合を区別することができないのに対し、名目上の権利の存在を認める利益説はこの区別を説明することができる点で優れているとする。名目上の権利が、法規範や権利を創出した決定の名宛人が権利を守ることを通じて実行される限りで、その権利は権利保持者の利益を保護することに役立つ（不遵守に対する救済が利用可能でな

---

48)　クレイマーは権利（right）と請求権（claim）を互換的に用いる。

49)　Kramer 1998, p. 9; 2001, pp. 65-73. クレイマーは真正な権利と名目上の権利の区別と、効力を生じる法的権利（operative legal right）と効力を生じない法的権利（inoperative legal right）の区別の違いを強調する。前者の区別は強制可能（enforceable）か否かという基準による区別であるのに対し、後者の区別は強制された（enforced）か否かによる区別である。たとえば、強制可能であったのに放棄する権能が行使されるなどして強制されなかった権利は、真正だが効力を生じない法的権利である。ここで問題になるのは、前者の区別である。

50)　Kramer 1998, pp. 100-1.

いにもかかわらず、人々が権利を守ることを選択するのはもっともである）。この点で、名目上の法的権利は法的権利の不存在と著しく異なる。権利の不存在は、法規範の名宛人による遵守によって権利保持者の利益を促進するのに役立ちえない。他方で、名目上の権利は、強制不可能である点で真正な法的権利とも異なる。名目上の法的権利は、要求された行動の態様の権威的特定によって定められた、保護された地位として存在するにすぎず、違反的行為が起きた場合に強制的に実行されうる保護としては存在しない。名目上の権利は、法が基準と要求を定めることによって人々の利益を維持することに結びついているという理由で法的権利であり、司法官や行政官による権利の実施が関連する法規範または決定を再述すること以上のものではありえないという理由で名目上のものにすぎない[51]。

クレイマーによれば、このような名目上の権利を付与し、名目上の義務を課する法規範は、義務者の行動を指導する役割を果たすとされる。義務が存在しない場合、いかなる者にも指導（guidance）を提供することはできない。これに対し、名目上の義務を課する法規範は、遵守を引き出すことによって人間の行動を導くことができる[52]。

2. 強制権能をもちえない人格が権利をもつとすべき場合

義務に相関する権利と強制権能の結びつきを否定する第二の論拠は、強制権能をもちえない人格も権利をもつと言うべき場合があるということである。この場合の典型的な事例は、刑法上の権利である。通常、私人は公訴を提起する権能をもたない。したがって、権利が強制権能の存在を前提とする立場からは、私人は刑法上の権利をもたないということになる。この点に対しては、利益説の立場から批判が加えられている。たとえばクレイマーは、刑法上の権利を私人に認めないことに対して、民法上の保護よりも刑法上の保護の方が強力なことがよくあるのに、なぜ刑法上の保護が私人の権利を構

---

51) Kramer 2001, pp. 72-3.
52) Kramer 2001, pp. 76-7. ただし、筆者は名目上の権利や義務という概念を導入することに疑問をもっている。この点については、第6章第3節6参照。

150　　第 5 章　権利と権能

成しないのかという疑問を提示する[53]。

　民法上の保護よりも強い刑法上の保護が権利として認められないことは不自然であるというのが、私人に刑法上の権利を認めないことを批判する大きな理由である。ただし、こうした批判は、ある個人により強い保護が与えられている場合にその個人に権利を認めないという用語法が直観に反すると主張するものであり、刑法上の権利を私人に認めないことが分析的観点から見て誤りであるということを示すものではない。クレイマーによる批判の要点も、意思説による刑法の説明が誤っているということではなく、不必要に奇妙だということにある[54]。

3. 考察

　本節では、義務に相関する権利と強制権能の結びつきを否定する立場（否定説）をとる論者が、強制権能説を批判する際に引き合いに出す論拠を紹介してきた。しかし、否定説をとることに対しては、以下のような疑問点が提示される。

（1）　強制可能性と権利の性質

　本節 1 で述べたように、強制不可能な権利が存在するとする論者の中には、強制可能性の有無によって権利の性質が異なるとする者がいる。サーモンドは強制可能な狭義の権利を完全な権利、強制不可能な狭義の権利を不完全な権利とする。また、クレイマーは強制不可能な権利（請求権）を名目上の権利（請求権）として、真正な権利（請求権）から区別する。彼らは、強制不可能な権利が存在しうるとする点で否定説に立つものである。しかし他方で、彼らは、強制権能の存否（あるいはその行使可能性の存否）によって権

---

53)　Kramer 1998, p. 71.

54)　Kramer 1998, pp. 71-2. ただし、刑法上の義務に相関する権利についてどのように考えるかは、意思説の内部でも見解が分かれている。ハートはそもそも刑法上の義務に相関する権利は存在しないという立場をとる（Hart 1982a, pp. 182-6（邦訳, 122-7 頁））。これに対し、ウェルマンは、刑法上の義務に相関する刑法上の請求権が存在し、訴訟を開始する権能をもつ検察官がこの請求権をもつとする（Wellman 1985, pp. 35-9）。

利の性質が変化するとしている。これは、強制可能性は権利の存否には影響を与えないが、少なくとも権利の性質に影響を与えるということである。したがって、否定説に立つ論者の一部も、権利の性質を考慮するうえで強制権能に一定の重要性を認めているということになるだろう。

(2) 名目上の権利および義務を導入することについて

筆者は、名目上の権利および義務という概念を導入することに疑問をもっている。権利や義務の概念規定を考える際には、その不存在としての特権や無権利の概念、さらには権能の領域の各概念がどのようなものになるかも顧慮する必要がある。権利や義務に真正／名目上の区別を認めるならば、その不存在としての無権利や特権にも真正／名目上の区別を認めうる。しかし、その場合名目上の無権利や特権がどのようなものになるのかは明らかでない。また、権能の領域の各概念にも真正／名目上の区別を認めるのか、認めるとすればそれはどのようなものかが問題となる[55]。

(3) 誰が権利保持者か

概念の明確さという観点からは、義務に相関する権利がどの人格に帰属するのかが必ずしも明確でないという点も、否定説をとる場合の問題点として挙げられる。たとえば、第三者のためにする契約で、義務の違反がなされた場合に要約者にのみ強制権能が付与され、第三受益者には強制権能が付与されない場合を考える。強制権能説に立てば、この時義務に相関する権利をもつのは要約者のみである。これに対し、否定説に立つ論者の多くは、「利益 (interest, benefit)」という観点から権利をもつ人格を特定するが、どの人格に権利が帰属すると考えるかは、論者によって異なっている。義務に相関する権利が誰に与えられるのかという問いに対して、考えられる回答は、①要約者のみ[56]、②受益者のみ[57]、③要約者と受益者の両方[58]という三つであ

---

55) クレイマーは真正な権能と名目上の権能を区別する (Kramer 1998, pp. 63-4; 2000, p. 474)。

56) Sartor 2005, p. 509.

57) ハートが利益説を批判する際に念頭に置いており、ライアンズ (David Lyons) が「限定されていない利益説 (unqualified beneficiary theory)」と呼ぶ、素朴な利益説では、受益者のみが権利をもつとされる (Hart 1955, pp. 180-1 (邦訳, 15-7頁);

152　第5章　権利と権能

る。否定説、特に「利益」という基準を用いる立場からは、この三つの回答
のいずれも導きうる。否定説をとる場合には、義務に相関する権利をもつ人
格を一意的に確定する明確な基準が立てにくくなる。

第3節　小括

　本章では、義務に相関する権利と権能の関係について、「ある人格が権利
をもつと言えるためには、義務違反がなされた場合に、当該人格に強制権能
が付与されることが必要か？」という論点について、強制権能説と否定説に
分けて検討してきた。

　強制権能説をとる論者は、義務違反がなされた場合に、強制権能が付与さ
れることが、権利が存在するための必要条件（の少なくとも一つ）になって
いる。この点が、強制権能説に共通する特徴である。このような立場を前提
とすれば、強制権能が義務に相関する権利を基礎づけるという結論を導くこ
とも可能だろう。強制権能説の中には、強制権能以外の要素を権利が存在す
るための条件とするものがある。しかし、権利概念の構成要素にあまりに多
くのものをもち込むと、権利概念を不必要に複雑化するおそれがある。

　これに対し、否定説の立場からは、強制権能の存在が、権利が存在するた
めの条件であることは否定される。否定の根拠としては、強制不可能な権利
が存在する、強制権能をもちえない人格が権利をもつとすべき場合があると
いったものが挙げられる。

　では、強制権能説と否定説のうち、いずれの見解をとるのがよいか？　ホ
ーフェルドは権利者が誰かに関して明示的な基準を提示していない[59]。フィ

――――――――――

　　Lyons 1994, pp. 28-9, 37)。ただし、実際にはこのように考える論者は利益説の中に
　　もほとんど存在しない。

58)　Kramer 1998, pp. 79-83; Lyons 1994, p. 37.

59)　ホーフェルドは、権利は根拠の十分な（well-founded）請求権であり、法的意味
　　において権利が存在するのは、ある人格が他者に対して請求権を強制する資格がある
　　ことを法が宣言する時であると考えなければならないというステイトン判事（Justice
　　Stayton）の意見を「正確さのためには推奨しないが」という留保を付して引用して
　　いる（Hohfeld 1923, pp. 71-2 n. 16)。

第3節　小括　153

ニス（John Finnis）は、「ある一定のルールによって、Bがある一定の仕方で行為することを要求されている時、Bが義務を負うとすれば、いつこの義務に相関して、請求権（claim-right）が存在すると言うべきか？　そして請求権は誰に帰属するか？」という問題に対してなされている回答と、この問題に対してとるべき態度について次のように述べている。まず、この問いに対しては二つの回答が存在する。第一の回答は、「Bの義務に相関する請求権が存在するのは、ある確認可能な人格Aが存在し、AがBによる義務の履行または遵守の（推定的な）アドバンテージの受領者であるとされるという意味において、Aの利益のために当該義務が課せられている場合であり、かつその場合に限られる。そしてその人格AがBの義務に相関する請求権をもつ」というものである（この回答は本章の分類によれば否定説に分類される）。もう一つの回答は、「Bの義務に相関する請求権をもつある人格Aが存在するのは、ある人格Aが存在し、Bが義務を遵守しなかった場合に適切な救済的訴訟を提起する権能をAがもつ場合であり、かつその場合に限られる」というものである（この回答は本章の分類によれば強制権能説に分類される）[60]。そしてフィニスは、「……ホーフェルドの分析を適用したいと思うならば、最初に、『請求権』のこれらの二つの意味のうちいずれを採用するつもりなのかを規約的に定めなければならず、そして、いずれの意味を採用するとしても、その結果生じる請求権の属性は必ずしも法的慣行とは一致しないだろうということに留意しなければならない」とする[61]。フィニスが指摘するとおり、義務に相関する権利（請求権）の意味については、規約的に定義する他なく、その定義が一般的な用語法とずれることは避けられない。ここでは、概念の明確さという観点から、強制権能説と否定説のいずれが優れているかをごく簡単に論じる。

　分析的観点から言えば、優先すべきなのは言語的直観や慣用語法ではなく、いかなる場合に義務とそれに相関する権利が存在するかが明確であると

60）　Finnis 2011, pp. 202-3. フィニスは、「もしホーフェルドがこの問題にまともに向き合っていたならば、彼自身は後者の回答を支持していただろう」とする。

61）　Finnis 2011, p. 203. フィニス自身の立場については、cf. Finnis 2011, p. 205.

いうことである。強制権能説は、「義務違反がなされた場合に強制権能が付与される人格」という基準によって権利をもつ人格を特定している点で、大きな利点をもつ。強制権能説をとる結果として、ある人格が義務の履行や、不履行の場合の救済による利益を得ることは権利として表現されないことになる。だが、ある人格が権利をもたないからといって、その人格の利益が保護されないというわけではない。義務の履行や、別の人格による強制権能の行使の結果として、利益は保護される。これらの行為の結果として保護されるある人格の利益ではなく、その利益を保護するための手段としての強制権能をもちうる人格の地位を権利という概念で表現することは、一定の合理性を有するように思われる。これに対し、否定説には、権利者を一意的に確定する基準が必ずしも明確でないという難点や、真正な権利と名目上の権利を区別することに伴う問題点がある。本章で検討した中では、権利者を確定する基準が単純かつ明確であるという点で、強制権能説、それも強制権能のみによって権利を定義する最も単純な強制権能説が相対的に優れているように思われる。

　強制権能説を徹底させれば、権利を権能によって基礎づけることが可能となる。このように考えることにより、義務の領域を権能の領域に還元する立場の一つが基礎づけられる。それはつまり、権利を強制権能に、義務を責任に還元する立場である。

　もっとも、筆者自身は、このような還元の仕方は理論的に不十分であると考える。強制権能は、義務者による義務違反がなされた結果、権利者に付与されるものである。義務者は、義務の履行や義務違反によって法的地位の変化を生じさせることができる。この点を考慮すると、義務の領域を権能の領域に還元する際には、義務者の権能が考慮に入れられなければならない。次章では、義務者がもつ権能について考察する。

第6章　義務と権能

　本章では、義務者がもつ権能について検討する。具体的には、義務者が義務の履行や義務違反によって法的地位の変化を生じさせることができる場合に、義務者が権能をもつと考えるべきか否かという論点[1]を考察する。第1部で検討した論者の中で、義務者が権能をもつことを明示的に肯定しているのはコクーレクである。コクーレクは、義務を負う人格が一定の権能——義務権能と反義務権能——をもつとした。まず第1節では、コクーレクの論述を紹介する。

　第2節では、義務権能について検討する。義務の履行が法的地位の変化を生じさせない場合があるので、権能の行使を法的地位の変化が生じる場合に限定する立場からは、義務は必ずしも義務権能を伴うとは限らないということになる。

　反義務権能の存在を認めるか否かについては、論者によって見解が分かれており、反義務権能の存在を認めることに反対する論者もいる。第3節では、反義務権能に対する批判と反論を検討し、反義務権能を認めることに問題はないという筆者の立場を示す。

第1節　コクーレクにおける義務権能と反義務権能

　コクーレクは、義務の履行や義務違反が法律関係の変化を生じさせる場

1）　なお、本章で検討する論点は次の論点と区別される。すなわち、ある権能がそれを行使する義務や行使しない義務を伴う場合があるかという論点である。本章で論じるのは、義務の履行や義務違反それ自体が権利者の法的地位を変化させる場合、それを権能の行使とみなすべきかという論点である。権能がそれを行使しない義務を伴う場合があるかという点については、権能と特権の区別という観点から次章第1節1で考察する。

156　第6章　義務と権能

合、それらが義務を負う人格による権能の行使であるとする。第3章第1節
4でも触れたので繰り返しになるが、コクーレクは、法律関係を創出する、
変更する、または消滅させる法的事実（jural facts）を次のように分類する。

　　　法的事実には次のような種類がある。
　　（1）自然における創出的、変更的、および破壊的事象（たとえば、出生、死
　　亡、火災など、時の経過、果実の分離、土地の自然増加（accretion）など）。
　　（2）義務行為（duty acts）、すなわち、義務の履行における権能行為（pow-
　　er acts）（たとえば、履行期の到来した金銭の支払の提供）。
　　（3）反義務行為（contra-duty acts）、すなわち、義務の違反における権能行
　　為（たとえば、履行期が到来しているのに債務の履行の提供をしないこと、不
　　法行為、犯罪行為）。
　　（4）非義務行為（non-duty acts）、すなわち、義務の履行におけるものでも
　　義務の違反におけるものでもない権能行為（たとえば、契約の申込み、条件の
　　成就、取消しなど）[2]。

（2）～（4）の行為による法律関係の変化を、コクーレクはすべて権能の行
使（権能－責任関係の「進化（evolution）」）として記述する。この行為の分類
と同様に、義務との関係において権能は①義務権能（duty power）、②反義
務権能（contra-duty power）、および③非義務権能（non-duty power）に分類
される[3]。
　義務を負う人格が義務行為によって法律関係の変化を生じさせることがで
きる場合、当該人格は義務権能をもつとされる。たとえば、BがAに対し、
Aの庭の鋤仕事をする義務を負っているとする。この時、Bは義務を履行す
る権能をもつ。そして、Bが当該義務の履行の提供をすることは、Bによる
権能の行使として記述される[4]。Bは、当該権能を行使することにより、そ
れまで存在していたA－B間の請求権－義務関係（Bに対するAの請求権）

　2）　Kocourek 1927, p. 18. より詳細な説明は、第3章第1節4（2）参照。
　3）　Kocourek 1930, pp. 329-30. ただし、コクーレクも本章注1）で述べた区別は意識
　　していないようである。
　4）　Kocourek 1927, pp. 102-3.

を消滅させることができる[5]。

　義務を負う人格が反義務行為によって法律関係の変化を生じさせることができる場合も、当該人格は権能をもつとされる。上の庭の鋤仕事の例では、Bは庭の鋤仕事をする義務とこの義務を履行する権能の他に、義務を履行しない権能ももつ[6]。Bがこの権能を行使すると、上記のBの義務が消滅し、Bが損害賠償を支払うことを内容とするA－B間の請求権―義務関係（Aに対するBの義務）、およびAが訴訟を提起することを内容とするA－B間の権能―責任関係（Bに対するAの権能）が創出される[7]。したがって、コクーレクによれば、ある人格が義務を負う場合には、通常その人格は義務権能と反義務権能をもつということになる[8]。

第2節　義務権能について

　義務の履行を権能ないし授権の概念と結びつける論者は、コクーレク以外にも存在する。サルトール（Giovanni Sartor）は、債務者は債務を履行することによって自身の債務を消滅させる権能をもつとする[9]。また、ケルゼンは、法義務（Rechtspflicht）を履行する能力も行為能力（Handlungsfähigkeit）と解されるとする。すなわち、「行為能力を、自身の行動によって法的効果を惹起する能力と解するならば、そして、法律行為によって生じた法義務、すなわち個別規範の設定を法律行為の効果とみなすならば、法義務を履行す

5）　本文の例は、義務権能の行使によって請求権―義務関係が消滅する場合である。金銭債務の弁済の提供など、請求権―義務関係が消滅するためには義務を負う人格による義務権能の行使だけでなく、請求権をもつ人格による受領などの行為が必要となる場合には、義務権能の行使によって請求権をもつ人格に受領する権能が与えられ、この人格が当該権能を行使してはじめて請求権―義務関係が消滅することになる（Kocourek 1930, pp. 329-30）。

6）　Kocourek 1927, p. 103.

7）　Kocourek 1927, pp. 103-4, 105. 反義務権能が行使された場合、義務を負う人格は自身の法的地位も変化させている。しかし、コクーレクは同一人格間における法律関係の存在を認めないので、これを権能の行使とはしない。

8）　ただしその例外につき、cf. Kocourek 1927, pp. 341-2.

9）　Sartor 2005, pp. 581, 583.

158　第6章　義務と権能

る能力、すなわち、自身の行動によってサンクションを避ける能力も、（法律行為能力（Geschäftsfähigkeit）という意味での）行為能力とみなすことができる。ここに、義務履行の——消極的な——法的効果が存する[10]」。

　もっとも、義務の中には、その履行が法的地位の変化を生じさせないものがある。たとえば、AがBに対して不法行為を犯さない義務を負っている場合、Aがこの義務を履行しても、すなわちAが不法行為を犯さなくても、Bの法的地位を変化させない。コクーレクは、消極的義務の履行も権能の行使（権能—責任関係の進化）であるとする。コクーレクによれば、DがSに対して暴行（battery）をはたらかない義務を負っている時、Dは自身の義務を履行する権能をもつ[11]。コクーレク自身の説明では、このような場合にも法律関係の進化があるとされる[12]。しかし、この場合にいかなる法律関係の変化が生じるのかは、明らかでない[13]。法的地位を変化させることのみを権能の行使とする立場からは、義務の履行が法的地位の変化を生じさせない場合に、義務者が義務権能をもつことは導かれない。このように、義務の履行が法的地位の変化を生じさせない場合があるので、義務は必ずしも義務権能を伴うとは限らない。

第3節　反義務権能について

　反義務権能の存在を認めるか否かは、論者によって見解が分かれる。コクーレク以外にも、義務違反とみなされる行為（不法行為や犯罪など）によって他の人格や自身の法的地位を変化させることを権能の行使とみなす論者が

---

10)　Kelsen 2000, S. 152（邦訳, 145 頁）.

11)　Kocourek 1927, p. 65.

12)　Kocourek 1927, p. 344. そこでは義務の履行が（請求権—）義務関係の進化であるかのように書かれているが、請求権—義務関係は進化しえず、権能—責任関係のみが進化しうるというコクーレクの立場を考慮すれば、権能—責任関係の進化が起こっていると読んでよいように思われる。

13)　このような場合に、Dが不法行為をしない権能を常時行使することによって、不法行為に関する請求権—義務関係を常時消滅させているとするものとして、亀本2017b, 71 頁。

第3節　反義務権能について　159

存在する[14]。これに対し、義務違反によって法的地位の変化を生じさせうる
ことは権能とはみなされないとする立場も有力である。本節では、特に不法
行為や犯罪を権能の行使とみなすことに反対する論拠の各々について、それ
に対する反論も併せて検討する。そして最後に、義務と反義務権能を結びつ
けることに対する批判とそれに対する筆者の反論を述べる。

1.　法的権能と事実的な能力の区別

アレクシー（Robert Alexy）は、権限（Kompetenz）[15]と事実的可能（fak-
tisches Können）を区別し、不法行為（deliktische Handlung）は権限の行使で
ないとする。

　　法的状況の変化という基準は、権限を許可（Erlaubnis）から区別するのに
　　は適しているが、この基準は事実的可能を権限から区別するのには適していな
　　い。法的地位の変化を惹起するあらゆる行為が権限の行使とみなされうるわけ
　　ではない。aがbに対して不法行為をなすならば、aの地位もbの地位も変化
　　する。aはこの時点から、bに対して、bに損害賠償を給付することを義務づ
　　けられており、bはこの時点から、aに対して対応する権利をもつ。それにも
　　かかわらず、不法行為をなすことは権限の行使とはみなされないだろう[16]。

アレクシーによれば、不法行為は単なる事実的可能の行使にすぎないとさ
れる。では、権限の行使たる行為はいかなる種類の行為であり、不法行為は
なぜ権限の行使とみなされないのか？　アレクシーは続けて次のように述べ
る。

　　これによって、権限の行使である行為が、確かに法的状況を変化させるが、

---

14)　Corbin 1919, p. 169; Dias 1985, p. 38; Dölle 1927, S. 497; Francisco 1952, p. 99;
　　Hislop 1967, p. 64; Kramer 1998, pp. 103-4; 2001, pp. 58-9; Kurki 2017, pp. 44-5;
　　Moritz 1960, S. 102; Rainbolt 2006, p. 23.
15)　アレクシーは種々の用語を比較したうえで、権能のかわりに「権限」の語を用い
　　る（Alexy 1996, S. 211）。
16)　Alexy 1996, S. 214.

160　第6章　義務と権能

権限の行使でない行為からいかにして区別されうるのかという問いが、権限の概念の中心問題であることがわかる。その答えは、権限の行使である行為は制度的行為（institutionelle Handlungen）であるというものである。制度的行為は、自然的能力（natürliche Fähigkeiten）のみに基づいてはなされえず、その行為にとって構成的（konstitutiv）であるルールを前提とする行為である。構成的ルールの古典的な例はチェスのルールである。これらのルールがなければ、盤上での駒の動きを語りうるのみで、「指し手」や「チェックメイト」については語りえないだろう。約束でもこのことは変わらない。約束にとって構成的なルールがなければ、「私はあなたに～ということを約束する」という発話は、確かにある意図に関する情報または将来のある行動に関する予言（Voraussage）とは解されうるが、約束とは解されえないだろう。一定の行為の可能性をはじめて創出するこのような構成的ルールと対をなすのが統制的ルール（regulative Regeln）であり、これは、当該ルールとは独立に可能な行為にかかわる。

　これに対応することが法の領域に当てはまる。二つの人格の行動を契約の締結と解する、またはある人間集団の行動を立法と解する者は、観察可能な自然的または社会的行為をはじめて法的行為（Rechtshandlungen）にするルールを前提としている。これらの構成的な法的ルールをここでは「権限規範（Kompetenznormen）」と呼ぶことにする。権限規範には行為規範（Verhaltensnormen）が対置される。権限規範は法行為（Rechtsakte）の可能性を創出し、それゆえ法行為によって法的地位を変化させる能力を創出する。行為規範は、それがなければ不可能ないかなる行為の選択肢も創出せず、あることを求める権利（Rechte auf etwas）や自由（Freiheiten）を規定することによって行為を資格づけるにすぎない[17]。

アレクシーはこのように、権限の行使は自然的能力だけによってはなすことができず、制度的行為としての権限の行使を構成する権限規範の存在を必要とすると説く。アレクシーによれば、不法行為は構成的ルールとしての権限規範がなくてもなしうる事実的な行為であるから、権限の行使とはみなされないということになる。

---

17)　Alexy 1996, S. 215-6. 構成的ルールについては、cf. Ross 1968, pp. 53 ff.; Searle 1969, pp. 33 ff.（邦訳、58頁以下）.

第3節　反義務権能について　　161

　しかし、不法行為などの反義務行為を単に事実的な行為とみなし、それに
よって法的地位を変化させることを事実的可能の行使とみなすことには賛同
できない。というのは、反義務行為によって法的地位を変更させる能力も法
によって付与された能力であり、反義務行為による法的地位の変化も、法的
ルールがなければ生じえないからである（殺人罪に関する規定がなくても人を
殺すことはできるが、殺人の法的効果はこのような規定がなければ存在しえな
い[18]）。これが単に事実的なものではなく法的なものであることは、ケルゼ
ンが不法行為能力の付与を「最広義の授権」であるとしたことからもわか
る。ケルゼンは次のように述べる。

　　最広義において、ある一定の個人のある一定の行動が法秩序によって授権さ
　れているのは、これによってその個人に法的力、すなわち法規範を創設する能
　力が付与される場合だけでなく、まったく一般的に、個人の行動が法的効果、
　すなわち当為として定立された強制行為の直接または間接の条件になっている
　場合、またはこの行動が強制行為それ自体である場合も含む。……語のこの最
　広義において、法秩序によって条件または効果として規定されるあらゆる人間
　の行動が――ただし人間の行動のみが――法秩序によって「授権された」もの
　とみなされうる。このような行動をなしうる人間は、法秩序によってそのよう
　に行動する能力を付与されている。この人間は法秩序によって自身に付与され
　た能力をもつ。この法秩序による能力付与は授権と呼ばれるが、この表現は何
　ら是認（Billigung）を含意しない。いわゆる不法行為能力でさえ、一定の仕
　方で資格づけられた人間にのみ法秩序によって付与された、自身の行動によっ
　て不法行為を犯す能力……である。法秩序によって資格づけられたこの人間
　が、そしてこの人間のみが不法行為を犯すことができる、すなわち法秩序によ
　ってその能力を付与されているのである[19]。

---

18)　Vgl. Sieckmann 1990, S. 46; Spaak 2003, p. 96.
19)　Kelsen 2000, S. 150-1（邦訳、143-4 頁）. Cf. Kelsen 1945, pp. 90-1（邦訳、164-5
　頁）. ただし、「授権」という表現に「是認」という副次的意味が結びつけられている
　限りで、「授権」という表現はより狭い、不法行為能力を含まない意味で用いられる
　とされる。このような意味における授権（これは「狭義の授権」と呼ばれる）によっ
　て付与される能力は、（広義の）行為能力（Handlungsfähigkeit）として、不法行為
　能力から区別される（Kelsen 2000, S. 151（邦訳、144 頁））。さらに狭い意味における

162　第6章　義務と権能

「法秩序による是認」という観点を抜きにすれば、不法行為能力も法秩序によって付与された法的なものであることに変わりはない。したがって、不法行為を犯すことを単純に事実的可能の行使とみなすのは不適切である。

2.　権能付与の理由

反義務権能の存在を否定する第二の論拠は、法がある行為に一定の帰結を帰属させる目的または理由を考慮し、法がその帰結を発生させるための手段として望ましいとみなす行為のみを、権能の行使として認めるというものである。たとえばラズ（Joseph Raz）は、「法的変化（legal change）をもたらすあらゆる意思行為（voluntary act）が法的権能の行使であるわけではない[20]」とし、「人々が法を破る法的権能（legal power to brake the law）をもつ」ということを逆説的帰結（paradoxical consequence）[21]とみなしたうえで、このような権能の存在を否定する。ラズによれば、ある行為が法的権能の行使とみなされるのは、次のような場合に限られる。

　　法的権能は、法（すなわち、法的権能を創設し維持する制度）が行為にそのような法的帰結を帰属させた理由によってのみ確定されうる。その行為が法定権能の行使であるのは、次のような場合に限られる。すなわち、その行為がもつ法的帰結をその行為に帰属させる理由が、人々がその行為を、その帰結を招来する手段として自らの意思でなしうることが望ましいと考えられているというものである場合である[22]。

授権（これは「最狭義の授権」と呼ばれる）には、裁判所の判決でもって定立される個別的法規範の創設に参与する力としての訴訟能力（Prozeßfähigkeit）、および義務および権利を創出する能力としての法律行為能力（Geschäftsfähigkeit）が含まれる（Kelsen 2000, S. 151-2（邦訳, 145頁））。

20)　Raz 1972, p. 80.

21)　Raz 1984, p. 13（邦訳, 334頁）.

22)　Raz 1984, p. 13（邦訳, 334頁）. Cf. Raz 1972, p. 81; 1990, pp. 102-3; 2009, p. 18. ラズは規範の違反における行為に加え、所得税を支払うことのような規範の遵守における行為、住所の変更などの行為も権能の行使から除外する。
　　ラズの見解を支持し、権限（competence）は行為者に法的地位を変更する可能性を与えるために付与されているのに対し、不法行為を犯す可能性は、この目的をもっ

第 3 節　反義務権能について　　163

　ラズによれば、法を破るという行為は、それによって一定の法的帰結を生
じさせることが望ましいと考えられる行為ではないので、法的権能の行使で
はないとされる。このような理由から、ラズは「法を破る権能」の存在を否
定する。

　このようなラズの権能理解に対しては、ラズはホーフェルドの権能概念の
難点を指摘しているのではなく、彼自身の規約的定義の集合を推奨している
にすぎないという反論がある。クレイマーによれば、各人格は法を破ること
によって一定の諸エンタイトルメント（entitlements）を変更することがで
き、したがって各人格は（定義上）その点でホーフェルド的権能をもつ。ホ
ーフェルドの「権能」の定義は、権能や権能の行使が権能保持者または法官
吏の視点から見て望ましいものでなければならないということを前提として
いない[23]。さらに、権能付与の理由を考慮すべきであるとするラズの権能理
解に対しては、権能の定義が形式的定義でなくなるという批判がある[24]。

3.　意図

　マコーミック（Neil MacCormick）は、「ルールを発動させる（現実のまたは
帰属させられた）意図（(actual or imputed) intention of invoking the rule)」と
いう基準を導入することによって、権能の範囲を限定する。つまり、「いわ
ゆる権能を行使する行為であるすべての行為は、何らかの仕方で必然的に、
また本質的にルールを発動させる行為であ[25]」り、「あるルールによって権
能が付与されるのは、ルールを発動させる（現実のまたは帰属させられた）意
図を伴ってなされた行為によってのみ満たされる条件をルールが含んでいる
時である[26]」。このような基準を導入することによって、マコーミックは、

　　て行為者に付与されるのではなく、本当の目的――可能な限りで一定のタイプの行為
　　がなされることを防ぐこと（ないし少なくともその発生をできるだけ少なくするこ
　　と）――の副次的効果にすぎないという理由で、権限と不法行為能力を区別するもの
　　として、Spaak 1994, pp. 18-9; 2009, p. 76.

23)　Kramer 1998, pp. 104-5. ただし、ホーフェルド自身にこのような権能を認める意
　　図があったかは疑問である（第 2 章第 6 節 **4**（2）参照）。

24)　Evans 1984, p. 155.

25)　MacCormick 2008, p. 97.

164　第6章　義務と権能

道徳や法によって付与された権能の中に、権利侵害（wrong）を犯して、自身を非難や刑罰に服せしめる権能があるという奇妙な結論を避けようとする。マコーミックによれば、権利侵害の場合には以下のような理由から上記の意図が欠けているとされる。

　　謀殺（murder）を犯す者が権利侵害をしているということは真実である。一定の（現実のまたは帰属させられた）意図をもって人の生命を奪う者のみが謀殺を犯すということは真実である。しかし、謀殺の道徳的または法的定義によって要求される関連する意図は、ある者の行為が「謀殺」であるための条件を満たすことを意図しているものとして認識されるという意図を含まない。それゆえ、　定の行為の意図的な遂行のみが私を謀殺で有罪とし、そのために刑罰に服せしめうるということは真実であるが、私がその責任を負う、我々の技術的意味における「権能」をもつということは真実ではない[27]。

　この「現実のまたは帰属させられた意図」という基準に照らして、マコーミックは次の二つの事例を区別する。すなわち、(a) 責務または義務を負うための条件を発動させる——あるいはそれを誰か他の者に課するか、誰か他の者をそれから免除（release）するか、または誰か他の者がそのような権能をもつ条件を創出する——現実のまたは帰属させられた意図を伴ってある者が行為するという条件に基づいてのみ責務または義務が課せられるという事例と、(b) 責務や義務などが諸個人の自由で意図的な行為を条件としているが、(a) と同じ意味では諸個人の権能の範囲内のものでないという事例の二つである。(b) のような意味における意図を伴う行為は、たとえ法が行為者に便宜を与えるものであったとしても、権能の行使ではないとされる。

　W・H・デイヴィーズ（W. H. Davies）の「スーパー・トランプ（Super-Tramp）」は、まずまず快適な牢獄のある町で、初冬にいつも犯罪（offences）をしていた。そのようにするねらいは、有罪判決を受けて投獄されることであ

---

26)　MacCormick 2008, p. 98.
27)　MacCormick 2008, p. 98.

った。これが果たす目的は、厳しい北米の冬を生き延び、またそれなりに快適に過ごすことであった。……これは、法を知ったうえで、法の規定を自身の目的に役立たせようとして行為する仕方すべてが法的権能の行使と見られうるわけではないという真実をよく描き出している。法がこのような「便宜（facilities）」を提供するものとして用いられうる仕方が無数にあることは疑いない。このような事例のすべてが法的権能の事例であるわけではない[28]。

　ウェルマンもこの事例を引用しつつ、スーパー・トランプの犯罪行為を法的権能の行使と見ることはできるが、法的権能の概念をより狭い範囲の法的能力に限定する方がより理解の助けになるとする。その理由は、「自分自身を訴追に服せしめるスーパー・トランプの法的能力を、地区検事の訴追する法的権能と本質的に類似のものと見ることは、法のもとでの彼らの地位の間の根本的な相違を看過することであるから」というものである[29]。ウェルマンは、一般的な意味における法的能力（legal ability）と狭義の法的権能（legal power）を意図というモメントによって区別することを提案する。ただし、法的権能の行使の有効性のために要求される意図は「現実の（actual）」意図ではなく、「法的に帰属させられた（legally imputed）」意図であるとされる。また、この法的に帰属させられた意図はあらゆる細部にわたって特定されたものである必要はないとされる[30]。このような、法的効果に向けられた「意図」を権能の行使に必要なモメントと見る立場からは、反義務行為によって法的地位を変化させることは権能の行使とはみなされないことになる[31]。

　しかし、権能の概念がこれらの論者が言うような意味における意図を伴う行為に限定されるべき必然性はない。犯罪や不法行為などを権能の行使とみなしうることは、ウェルマン自身も認めている。ウェルマンのように広義の

---

28)　MacCormick 2008, p. 99.
29)　Wellman 1985, pp. 44-5.
30)　Wellman 1985, pp. 45-6.
31)　その他、権能の行使を、法的結果を得る意図の表示を伴う行為に限定し、意図的な殺人など、その法的効果が当該行為から「直接（directly）」生じるものは権能の行使ではないとするものとして、Lindahl and Reidhav 2017, p. 162.

法的能力（legal ability）概念の下位概念として法的権能（legal power）を位置づけるのではなく、マコーミックやウェルマンが言う意味での意図を伴う行為とそれを伴わない行為をいずれも法的権能の行使とみなすことも可能である[32]。また、権能の行使とみなしうるが、上記の意味における意図を伴わない行為が、反義務行為以外にも存在しうる。たとえば、人の意思に基づかないで法的効果を発生させる事実行為などである。意図という要素を権能に含めると、このような行為が権能の行使とみなされなくなる。権能概念の包括性という観点から、マコーミックやウェルマンのような観点をもち込まずに、一定の意図を伴わないような行為も広く権能の行使とみなす方がよいというのが、筆者の立場である。

4. 特権と権能

　権能が特権を含意するとすれば、反義務権能は存在しないことになる。すなわち、権能をもつということは、法的地位を変化させる特権をもつ、すなわち変化させない義務を負わないということであるとすれば、義務に違反することによって法的地位を変化させることは権能の行使ではないということになる。たとえば、権能は法的地位を変化させる特権であり、権能の行使はこのような特権の行使であるとする立場[33]からは、反義務権能の存在を認める余地はない。

　しかし、このような立場は、権能は特権と概念上区別され、権能はそれを行使しない義務を伴いうるということを看過している点で適切でない。権能は、それを行使する義務を伴うことも、それを行使しない義務を伴うこともある。したがって、「権能は特権を含意する」という立場から反義務権能の存在を否定することはできない。特権と権能が概念上区別されるべき地位であるという点については、次章第1節1で詳述する。

---

32)　Rainbolt 2006, p. 23. ただし、ホーフェルドがこのように考えていたとするレインボルト（George W. Rainbolt）の解釈には疑問がある。

33)　Brazil 2011, pp. 443-4; Ratnapala 2017, pp. 377, 382. 権能が特権を含意するとする立場の中にもさまざまなニュアンスの違いがあるが、ここでは最も単純なものを一例として挙げている。

5. 反義務權能の存在を認めることは不合理な帰結ではない

反義務權能の存在を否定する立場をとる論者の中には、反義務權能を認めることが不合理な帰結であるとする者がいる[34]。權能が「法秩序によって是認された」、「法秩序の立場から見て望ましい」ものでなければならないとする立場からは、反義務權能を認めることは、回避したい帰結であるらしい。

しかし、反義務權能は記述概念であり、これを權能として記述するからといって、反義務權能が法秩序から見て望ましいものであるということや、反義務權能の行使が推奨されるということまで含意するものではない。權能がそれを行使しない義務を伴うことがあるということからもわかるように、權能の行使は必ずしも法秩序の側から見て望ましいものであるとは限らない。反義務權能に限らず、望ましくない權能の行使はありうるので、反義務權能だけを除外する理由にはならないように思われる。反義務行為をなしうることも法秩序によって付与された能力であるという点で通常の權能と変わらないとすれば、反義務行為によって法的地位を変化させることを法的權能の行使として記述することは、不合理なことではないと筆者は考える。

6. 義務と權能を結びつけることについて

本節の最後に、反義務權能と義務の関係について付言しておく。反義務權能の存在を認める立場からも、義務と權能を結びつけることに対しては、義務違反がいかなる法的地位の変化も生じさせない場合があるという理由から反論がなされている。たとえばクルキ（Visa A. J. Kurki）は、義務はたいていの場合、義務に違反して行為することによって法的サンクションに服する

---

34) 「人々は法を破る法的權能（legal power to brake the law）をもつ」とすることが「逆説的帰結」であるとするものとして、Raz 1984, p. 13（邦訳, 334 頁）. A が B を殴る法的權能をもつと言うことは奇妙（odd）であるように思われるとするものとして、Tapper 1973, p. 245. 道徳や法によって付与された權能の中に、不正ないし權利侵害を犯して、自身を非難や刑罰に服せしめる權能があるということを「奇妙な結論」とするものとして、MacCormick 2008, p. 98. 現存する法的関係を変化させるあらゆる義務違反が權限の行使ないし權限行為とみなされなければならないことが、「極めて反直観的であるのみならず、体系上重要な相違を均質化するように思われる」とするものとして、Schnüriger 2013, S. 80-1.

168 第6章 義務と権能

権能（power-to-subject-oneself-to-legal-sanctions-through-acting-in-breach-of-the-duty）とそれに相関する責任を伴うとしつつ、これらの地位を結びつけることに反対する。

> これらの三つの地位（義務、権能および責任）は、ホーフェルド的諸要素のそれだけで独立の種類をなす（*sui generis*）という性質を犠牲にすることなしには、結合して一つにすることはできない。加えて、義務と権能を不可分のものとして扱うことは、ホーフェルドの体系が、真正な（genuine）義務と名目上の（nominal）義務、およびこれらに対応する真正な請求権と名目上の請求権……を区別することを不可能にする。真正な義務の違反のみが法的サンクションを生じさせる。それゆえ、真正な義務が今概説した種類の権能および責任を伴う一方、名目上の義務はこれらを伴わない。もちろん、名目上の義務は決して法的義務ではないと主張することはできるだろうが、理論体系はいずれにせよ、名目上の義務の存在を完全に排除すべきではない[35]。

もし名目上の義務、つまり強制不可能な義務の存在を認めるならば、名目上の義務者とされる人格は反義務権能をもたないので、義務者は必ずしも反義務権能をもつとは限らないということになる。

しかし、筆者はそもそも名目上の権利や義務という概念を導入する必要性に疑問をもっている[36]。名目上の義務を認めると、名目上の義務が存在する場合と、義務が存在しない場合（特権が存在する場合）を明確に区別できないおそれがある。また、権利や義務に真正なものと名目上のものという区別を認めた場合、これら以外の概念にもこの区別を認めるのか、また認めるとすれば概念間の相互関係がどのようなものになるのかが明らかではない。さらに、名目上の権利や義務によって記述されるような状況が、果たしてこれらの概念を導入しなければ記述しえないものであるかは、疑わしい。これらの概念を導入する根拠として、違反に対するサンクションが存在しないが、

---

35) Kurki 2017, pp. 44-5. 真正な義務と名目上の義務については、cf. Kramer 1998, pp. 9, 34, 100-1; 2001, pp. 65-78. また、この区別については、第5章第2節1（2）も参照。

36) この点については、第5章第2節3（2）も参照。

義務の履行がなされた場合、それが有効なものとして認めれられるという点が挙げられる。だが、この場合、義務が存在するとしなくても、このような法的状況を記述することは可能であるように思われる。つまり、名目上の義務の履行とされる行為が一定の効果を生じさせる場合は、それを権能の行使とみなし、当該権能の行使後に、名目上の権利者とされる人格が名目上の義務者とされる人格に対して不当利得の返還義務を負わないと構成することができる[37]。

第4節　小括

　本章では、義務者がもつ権能について検討した。第1節では、コクーレクの議論を紹介した。コクーレクは、義務権能および反義務権能という用語で、義務を負う人格がもつ権能を明示した。権利と義務の相関関係において、義務者が権能をもつということを示した点において、コクーレクの分析は高く評価される。

　第2節では、義務権能について考察した。コクーレクは、義務を負う人格は必然的に義務を履行する権能＝義務権能をもつと考えた。しかし、義務の履行が法的地位の変化を生じさせない場合がある。したがって、義務が存在する時、必ずしも義務権能を伴うとは限らない。

　第3節では、反義務権能に対する批判とそれに対する反論につて検討した。要約すると、次のようになる。アレクシーは、権限の行使は制度的行為を通じて法的地位の変化を生じさせることであるとし、不法行為は事実的可能の行使にすぎず、権限の行使とはみなされないとする。これに対しては、不法行為によって法的地位を変化させることも、法がそれを授権しなければなしえないことに変わりはなく（ケルゼンの「最広義の授権」）、不法行為によって法的地位を変化させることを単に事実的な能力の行使とみなすことはできないと反論することができる。また、法秩序がある行為にある帰結を帰属させる目的または理由を根拠として、反義務行為によって一定の帰結を生じ

---

37)　Vgl. Kelsen 2000, S. 53（邦訳, 50頁）.

170　第6章　義務と権能

させることは権能の行使でないとする立場や、権能は一定の内容の意図を伴う行為によってのみ行使されうるとする立場もある。しかし、権能概念の定義にこれらの観点を導入する必然性はなく、またそうする方が権能の定義として好ましいとも言えない。権能はそれを行使する特権を含意するとする立場は、権能がそれを行使しない義務を伴う場合があるということを看過している点で適切でない。反義務権能の存在を認めることに反対する論者の中には、それを認めることが不合理な帰結であるとする者がいる。しかし、権能が法秩序の側から見て望ましいものであるべき必然性はないので、反義務権能の存在を認めることは不合理な帰結ではない。最後に、義務と反義務権能を結びつけることに対しては、名目上の義務の存在を根拠にして反論がなされる。しかし、筆者はそもそも名目上の義務という概念を導入する必要性に疑問をもっている。

　以上の考察から、義務は反義務権能によって特徴づけられるというのが、筆者の立場である。つまり、ある人格が義務を負っているということは、当該人格がそれに違反して権利者（および自分自身）の法的地位を変化させる権能をもっているということとして記述されうる。この点は、義務の領域を権能の領域に還元する試みを考察する際に重要な視点を提供する。それはつまり、義務の領域を権能の領域に還元する時に、義務者の権能を基準とするという視点である。こうした視点も踏まえたうえでの還元の試みについては、次章第2節で考察する。

第7章　義務の領域と権能の領域の相互関係

　本章では、義務の領域と権能の領域の相互関係について、一方を他方に還元することは可能か、可能であるとすれば各概念をどのように対応させるのが適切かという点について考察する。

　第1節では、権能の領域を義務の領域に還元されうるとする立場について、その問題点を指摘しながら検討する。

　そして第2節では、これとは反対に、義務の領域を権能の領域に還元する可能性について検討する。

第1節　権能の領域を義務の領域に還元する立場

　本節では、権能の領域を義務の領域に還元する試みを、①権能を特権の一種と解するもの、②権能行使の条件の不充足を義務違反と同一視するもの、③権限規範を行為規範の前提とみなすものの三つに分けて検討する。ただし、それぞれの試みは前提も結論も異なっており、相互に関連性を有しているわけではない。ここでは便宜的に、①～③を「権能および権能の領域の各概念を義務の領域のいずれかの概念によって説明する」という共通点で一括りにして検討する。

1.　特権と権能
　権能は特権の一種である、あるいは権能はそれを行使する特権を含意すると主張されることがある。このように考える論者としては、権能をより高階の許可と解するウリクトや、権能は特権（自由）の一種であるとするブラジルおよびラトナパラが挙げられる。ここでは、こうした論者の所説を検討したうえで、それに対する反論を述べる。

172 第7章 義務の領域と権能の領域の相互関係

（1） より高階の許可としての権能

ウリクト（Georg Henrik von Wright）は、権限規範（competence norm）を
「より高階の許可規範（permissive norm of higher order）」とし、権能保持者
は権能を行使することを許可されているとする。ウリクトは次のように述べ
る。

　　より高階の許可（higher order permission）は、ある一定の権威者がある一
　定の内容の規範を発してよい（*may*）という趣旨である。これは、ある一定の
　規範の権威者の権限に関する規範であると我々は言えるだろう。私はより高階
　の許可規範を権限規範と呼ぼう。
　　権限規範、すなわちより高階の許可規範を発する行為において、より高階の
　上位権威者はより低階の下位権威者に権能を委譲する（*delegate power*）と言
　ってよい。「権能」は、ここでは「規範によって、規範の権威者として行為す
　る権限」を意味する。私はこれを規範的権限または権能とも呼ぼう。
　　それゆえ、より高階の規範の研究の重要な側面は、法哲学および政治哲学に
　おいて権能の委譲（*the delegation of power*）として知られる現象の論理的メ
　カニズムの研究である。
　　ここで私が「権能の委譲」と呼ぶものにとって、権能を委譲する規範が許可
　的であるべきである、ということが本質的である。もしある権威者が、これこ
　れの内容の規範を発することをある主体に命令または禁止するとしても、彼が
　下位権威者に権能を委譲しているとは我々は言わないだろう。というのは、
　我々が下位権威者の権能と呼ぶものの側面は、彼の発する権限内にある規範を
　発することも発しないことも彼の自由である、ということだからである[1]。

　ここで、権能の委譲は、上位権威者が下位権威者にある一定の内容の規範
を発することを許可することであり、下位権威者が権能をもつと言えるため
には、下位権威者が規範を発することも発しないことも下位権威者の自由で
あることが必要となるということが述べられている[2]。

---

1 ） Wright 1963, pp. 192-3（邦訳, 232-3 頁）.
2 ） ウリクトを支持するものして、Mullock 1974. ただし、マロックは、権能が許可的
　であるということは、権能が特権に還元されうるということを意味しないとする

第1節　権能の領域を義務の領域に還元する立場　173

(2)　特権の一種としての権能

また、権能は特権の一種として定義されることがある。この立場をとる論者としては、ブラジル（Ben Brazil）およびラトナパラ（Suri Ratnapala）が挙げられる。ブラジルは、権能は常に自由[3]を伴い、したがって自由の下位集合であるとする。

> 権能の行使にはいかなる義務も命令（imperative）も含まれない。実際、権能は常に自由の行使を伴う。ダイアス（Dias）は、なすまたはなさない自由はあらゆるタイプの行動に適用されるが、結果として現存する法律関係を変更する行動だけが権能となると述べる。それゆえ、権能は、本当は自由の下位集合、すなわち現存する法律関係を扱う特殊事例であるということがわかる[4]。

そして、ブラジルはフィニスらの記述を参照しつつ、権能、免除などに適用される行為は、権利、義務、自由および無権利に対する効果に言及することによって定義される法律行為であり、それゆえ権能はこの四つの法的地位の創出を扱うものであるとする[5]。ブラジルによれば、権能は「ホーフェルド的義務を課する自由」であるとされる[6]。

ラトナパラは、「権能は特種な種類の自由である」とする[7]。そして、「違

（Mullock 1974, p. 81）。マロックに対する反論として、Finan 1979, p. 27.

3 ）　ブラジルおよびラトナパラは、「特権（privilege）」のかわりに「自由（liberty）」の語を用いる。

4 ）　Brazil 2011, p. 443. ダイアスは自由と権能の区別の文脈で引用文中のような記述をしているので、権能が自由の一種であると主張する文脈でブラジルがダイアスを引き合いに出しているのはミスリーディングである。実際、ダイアスは自由と権能は別物であるとし、権能はそれを行使する義務や行使しない義務を伴うことがあるとする（Dias 1985, pp. 36, 38）。

5 ）　Brazil 2011, p. 443. Cf. Finnis 2011, p. 200.

6 ）　Brazil 2011, p. 444. 権能の行使による法的地位の変化は、義務が課せられることに限られない（権利（請求権）や自由、無権利を生じさせること、さらには権能、責任、免除、無能力を生じさせることも含まれうる）。したがって、このような権能の定式化は極めて不十分であるが、この点はここでの論点からは外れるので、問題点を指摘するにとどめる。

7 ）　Ratnapala 2017, p. 377.

法行為（unlawful acts）はホーフェルド的権能の行使を伴うか？」という問いに対し、ラトナパラは次のように否定的に答える。

　　C は物理的力を用いて、D から彼女が所持している金銭を奪う。C は D に強盗をはたらかない義務を負っていた。しかしながら、C は、自身が物理的力（physical power）を行使することによって、新たな法的権利および義務を生じさせた。その結果、C がその金銭を返還するという権利を D がもち、その金銭を返還する、相関する義務を C が負う。それゆえ、我々は、C は実際にホーフェルド的権能を行使していたと言えるか？　答えは「否」である。ホーフェルドはこの難問を直接は扱わなかったが、ホーフェルドの回答は彼の図式の論理から容易に導かれる。

　　ホーフェルドが権能の概念を、現存する法律関係および法的エンタイトルメントを適法に（legally）変化させる能力（capacity）に限定したことは明らかである。ホーフェルドは権能に関して、「あらゆる通常の事例についての最も近い同義語は（法的）能力（(legal) ability）であるように思われる」……と指摘した。これはホーフェルドの分析の論理からの必然的結論である。権能が自由の一類型であることを想起せよ。ある行為をなす自由の対立項（opposite）はその行為をなさない義務である。無矛盾律から、C はあることをなす自由（権能）とそれをなさない義務の両方をもつことはできない。ある人格は、同時に同一の作為または不作為に関して、義務 d を負うか、義務 d を負わないかのいずれかである[8]。

　このようにラトナパラは、権能を、適法に法律関係を変化させる能力に限定し、違法な権能の存在を否定する。

　権能を特権（自由）の一種として理解する帰結として、ブラジルやラトナパラは、責任、免除、および無能力をそれぞれ無権利、権利、および義務の一種として理解する。ブラジルは、責任を「ホーフェルド的義務が課せられるべきでないという無権利」、免除を「ホーフェルド的義務が課せられるべ

8）　Ratnapala 2017, p. 378. 原文で C と D が逆になっていると思われる箇所については、文意が通るように適宜訂正した。ラトナパラはホーフェルドにおける "legal" の語を「適法な」という意味に解しているようである。

きでないという権利」、無能力を「ホーフェルド的義務を課しない義務」と理解する[9]。また、ラトナパラは権能の領域の各概念を次のように定義する。

　二当事者の関係において、
● 権能とは、義務を課する、または自由を付与する自由である
● 責任とは、義務が課せられるべきでない、または自由が付与されるべきでないという無権利である
● 免除とは、義務が課せられるべきでない、または自由が付与されるべきでないという権利である
● 無能力とは、義務を課しない、または自由を付与しない義務である[10]

(3)　権能が特権を含意することを否定する論拠

　しかし、権能を特権と結びつけることに対しては、多くの論者が批判を加えている。以下では、批判の論拠を三点に分けて述べる。

　第一に、特権の場合、許可されている行為の性質は問題にならず、特に法的に重要でないような行為（たとえば呼吸をする、街を歩くなど）でも構わない[11]のに対し、権能の行使としての行為は、論者によって定義は様々であるが、少なくとも何らかの意味で法的地位の変化にかかわる行為でなければならない[12]という点である。このことから、少なくとも特権と権能が同一

---

9 ）　Brazil 2011, p. 444.

10）　Ratnapala 2017, p. 382.

11）　ただし、許可されている行為の性質が法的に意味のある行為である場合もありうる（権能を行使する（ために必要な行為をなす）特権など）。

12）　権能（権限、法的可能）の行使が「法律行為（Rechtsgeschäft, act-in-the-law）」であるとするものとして、Bierling 1883, S. 50; Brinz 1873, S. 211, 214; Thon 1878, S. 350; Wellman 1985, p. 47. Cf. Ross 1968, pp. 130-1. 法的地位を変化させる「現実のまたは帰属させられた意図」を伴う権限行使行為（competence-exercising act, C-act）によって権限が行使されるとするものとして、Spaak 1994, Ch. 5; 2009, pp. 77-8（「現実のまたは帰属させられた意図」については、cf. MacCormick 2008, pp. 97-9）. 権限の行使である行為は「制度的行為」であるとするものとして、Alexy 1996, S. 215. 他方、不法行為などの義務違反も権能の行使に含めるものとして、Corbin 1919, p. 169; Dias 1985, p. 38; Kocourek 1927, p. 18, etc. この点については、第6章も参照。

176 第7章 義務の領域と権能の領域の相互関係

のものであるとは言えないということがわかる。

　第二に、権能はそれを行使しない義務を伴う、ないしある権能の行使が有効だが違法である場合があるという点である[13]。権能が特権を含意することを否定する論拠として最もよく挙げられるのが、この点である。たとえばスパーク（Torben Spaak）は、次のように述べて権限（competence）を許可（permission）として理解することを批判する。

　　権限を許可の特殊事例と考えることは、単純に誤りである。権限が許可という用語で分析されるべきであると主張する論者は、(a) 権限は許可である（be）と言っているか、または (b) 権限は許可を前提とする（presuppose）と言っているかのいずれかであるように思われる。第一の選択肢は理解するのさえ困難であり、第二の選択肢は事実に合致しない。というのも、窃盗犯は盗品を善意の譲受人に売却することができるが、そのようにすることを許可されてはおらず、また、他人の代理として行為することを授権された（authorized）人格は、本人の指示に反して行為することができる——がしかし、行為してはならない——ということを我々全員が知っているからである。そのような事例では、法体系はどういうわけか、行為者が法的地位の変化を生じさせることを許可する一方で、行為者が自身の権限を行使することを禁じてもいると論じることができるかもしれない。この分析に基づけば、行為者は自身の権限を行使することを禁じられている一方、含意された法的地位の変化を生じさせることを許可されてもいるだろう。しかし、私見では、このような説明の仕方は混乱しか引き起こさないだろう[14]。

---

13)　Alexy 1996, S. 212-3 Anm. 160; Bierling 1883, S. 50 Anm. ＊; Brady 1972, p. 253; Brinz 1873, S. 211-2; Bulygin 1992, pp. 205-7; Dias 1985, pp. 36, 38; Eckhoff and Sundby 1988, S. 78（邦訳、84頁）; Finan 1979, pp.23-4, 27; Hohfeld 1923, p. 58; Kramer 1998, p. 63; Makinson 1986, pp. 408-9; Paton 1972, p. 293; Raz 1972, p. 82; Ross 1958, p. 167; Salmond 1966, p. 229; Sartor 2005, pp. 583-5; 2006, pp. 120-1; Simmonds 1998, p. 220; 2001, p. xv; 2013, pp. 301-2; Spaak 1994, pp. 81-2; 2009, p. 74; Strömberg 1984, p. 159; Terry 1884, pp. 90-1; 1968, p. 131; Thon 1878, S. 367-8; Wilson 1980, p. 193.

14)　Spaak 2009, p. 74. スパークは権能のかわりに「権限（competence）」の語を用いる。

第 1 節　権能の領域を義務の領域に還元する立場　177

　権能が許可を含意すると考えるならば、権能の行使が禁止されている（権能がそれを行使しない義務を伴う）場合に、①一定の法的地位の変化を生じさせることが許可されており、かつ②そのような変化を生じさせる行為をなすことによって権能（権限）を行使することが禁止されているということが導かれる。このように、権能を許可の一種と理解することによって、許可を含意する行為をなさない義務を負う場合が生じるというのは、概念の定式化として不適切である[15]。

15)　「権能が特権を含意する」という立場を維持しつつ、上のような状況を整合的に説明するには、②の方を否定する、すなわち上の状況においては、そもそも権能を行使することが禁止されていないとすることが考えられる。たとえばスタイナー（Hillel Steiner）は、「権能はそれを行使する自由を前提とする」という立場をとり（Steiner 1994, p. 60 n. 6（邦訳，106 頁注 6）; 1998, p. 242）、上のような場合において義務の存在を否定する。シモンズ（Nigel E. Simmonds）は、売主が他人の物の売買の際に義務違反を犯しているが、売買自体は有効であり、権原は有効に買主に移転するという事例を、権能保持者が当該権能を行使しない義務を負っている例として挙げている（Simmonds 1998, p. 220; 2001, p. xv; 2013, pp. 301-2）。これに対し、スタイナーは、もしこのような場合に売主が原所有者に賠償をすることを要求するのであれば、売主が負う義務は原所有者に賠償をする義務であり、売却をしない義務ではないとする。すなわち、スタイナーによれば、このような状況において売主は売却することを授権されている（empowered）だけでなく、売却する自由ももっているとされる。また、ホーフェルドは、法的権能（legal power）、法的権能の行使のために必要なことをなす物理的力（physical power）、およびこれらのことをなす特権（privilege）を区別する必要性を説く中で、次のような例を挙げる。土地所有者 X が、自身が土地を Z に譲渡しないという契約を Y と締結した場合、X は Y に対し、土地を Z に譲渡する権能を行使するのに必要な行為をなす特権をもたない、すなわち X は Y に対し、権能を行使するのに必要なことをなさない義務を負っている（Hohfeld 1923, p. 58）。これに対し、スタイナーは、X の行為がそのような効果をもちうる場合、X が Y に対して負う義務を、土地を Z に譲渡しない義務と記述するのはミスリーディングであり、その義務は、X が Z に土地を譲渡した場合に、X が Y に（損害賠償の）支払をするということにすぎないとする（Steiner 1998, pp. 243-4 n. 17）。

　しかしながら、スタイナーのような考え方を一貫させると、ある行為をなす義務が違反されうる場合にはそもそもそのような義務（および相関する権利）が存在しないとしなければならなくなるのではないかという疑問が生じる。たとえば、A が B に対し、暴行しない義務を負っているとする（Steiner 1998, p. 242）。この時、A はこの義務に違反して暴行することができる。この例も、義務の違反という点だけを見れば、前段落で述べた例と構造は同じである。ここで、前段落で述べたようなスタイナーの考え方を一貫させるならば、A が負う義務は、暴行しない義務ではなく、その

178 第7章 義務の領域と権能の領域の相互関係

　そして第三に、特権と権能が別物であるということは、それぞれの不存在を表す概念、すなわち義務と無能力の違いからも明らかであるという点である[16]。無能力をもつ人格、すなわち権能をもたない人格は、ある行為によって法的地位を変化させることが法的に不可能である。たとえば、YがXの所有物を譲渡する権能をもたない場合、Yはその物を譲渡することによってXの法的地位を変化させることができない。これに対し、ある人格がある行為をなす特権をもたない場合、すなわちある行為をなさない義務を負う場合でも、当該人格は義務に違反して当該行為をなすことができる。たとえば、YがXに対し、暴行しない義務を負っていても、Yはその義務に違反して、Xを暴行することができる。この時、YはXを暴行してはならない（暴行すべきでない）が、暴行することができないわけではない。前述のように、権能が特権の一種であるという立場から、無能力は義務の一種であるとする論者が存在する[17]。しかし、上で述べたような相違を踏まえれば、そのように考えることが適切でないということは明らかだろう。

　これらの根拠から、権能は特権の一種ではなく、権能はそれを行使する特権を含意しないというのが、筆者の立場である。権能と特権に一定の類似点があるにせよ、ここで示したような相違を踏まえずに、軽率に権能は特権の一種である、あるいは権能はそれを行使する特権を含意すると主張することは、理論的に見て不適切である。

　　違反の結果生じる義務（たとえば損害賠償を支払う義務など）になるはずである。しかし、スタイナーは、前段落で述べたような例と本段落で述べた例がこのように同じ構造をもつにもかかわらず、一方では義務は存在せず、他方では存在しているとする。あらゆる違反されうる義務はそもそも存在しないという立場をとるのならばともかく、多くの論者が――そしてスタイナー自身も――前提とする義務の理解を維持するのであれば、権能がそれを行使しない義務を伴う場合があるという主張に対して、そもそもそのような義務は存在せず、異なる内容の義務が存在するにすぎないと反論することはできない。

16)　Alexy 1996, S. 213; 亀本 2011, 135 頁。さらに、義務と無能力それぞれの相関項である権利（請求権）と免除の違いも指摘される（Dias 1985, pp. 39-40. 第2章第5節6 も参照）。

17)　Brazil 2011, p. 444; Ratnapala 2017, p. 382.

2. 権能行使の条件の不充足と義務違反

権能行使の条件の不充足は、義務違反と同一視されることがある。しかし、権能行使の条件の不充足の結果としての無効と、義務違反に対するサンクションを同一視することに対しては、批判がある[18]。義務違反がなされた場合、その結果として一定の法的効果が生じる。これに対し、権能行使の条件が充足されない場合には、その帰結は無効であり、いかなる法的効果も生じない。このような相違を踏まえると、権能行使の条件の不充足を義務違反と同一視することはできないように思われる。また、権能行使の条件の不充足という状態は、それを充足しようとして失敗した場合に限らず、ある人格が権能をもっているのにそれを行使しない場合に、常に生じている。このような場合に、自身がもつ権能を行使しない人格が、ずっと義務に違反し続けていると考えるのは適切ではないだろう。

3. 行為規範の前提条件としての権限規範[19]

三つ目の還元の試みは、権能をその行使の結果として生じる法的地位（義務の領域のいずれかの地位）に還元するものである[20]。このような立場をとる論者として、ロスが挙げられる。ロスは、権限規範は行為規範に還元可能であるとする。

> 権限規範は以下のような仕方で論理的に行為規範に還元可能である。すなわち、権限規範は、当該権限規範において定められた手続に従って創出された行為規範に従って行為することを責務的な（obligatory）ものにする。責務と同様に、「権限（competence）」は二人格間の、つまり、権限を付与されている人格と、この人格の権能に服している（subject）人格、すなわち、権限を付与されている人格によって適切な仕方で創出された規範に従う責務のもとにある人格の間の関係である[21]。

---

18) Alexy 1996, S. 216-7; Hart 2012, pp. 33-5（邦訳, 71-4 頁）.

19) 本項では、ロスおよびアレクシーの用語法に従い、「権限規範」および「行為規範」の語を用いる。

20) アレクシーはこのような試みを、「権限規範の要件をなす自然的または社会的事実を、行為規範の妥当の前提と理解する」試みと表現する（Alexy 1996, S. 217）。

180　第7章　義務の領域と権能の領域の相互関係

　ロスのこのような試みを、アレクシーは義務の「潜在化（Potentialisierung）」と性格づけ、これを支持する。つまり、アレクシーによれば、「権限の保持者が権限を使用する場合にのみ、義務が基礎づけられる。それゆえ、権限の概念と義務の概念の間の関係は、権限の行使によってそのつど創出された義務によっては汲み尽くされない。権限の規範的内容は、それによって可能な義務のクラスに本質がある。したがって、権限は潜在的な義務として記述されうる[22]」。

　その一方で、アレクシーは「この還元はなされうるが、しかしその際には、法体系にとって本質的なものが失われてしまう」とも述べている。すなわち、このような還元によっては、「権限保持者の地位は把握されない。しかし、この地位は、少なくとも発展した法体系にとって中心的意義をもつ。命令、禁止および許可のための諸前提の連鎖を作り上げることに限定されるモデルによっては、法秩序の段階構造（Stufenbau）も、私的自治も適切に表現されえない。権限またはそれに等しいものの概念がなければ、たとえば市民の地位は、……命令、禁止および許可の名宛人の地位としてのみ記述されえ、私的立法者（private legislator）の地位としては記述されえないだろう[23]」。

　権能（権限）を、その行使によって創出される義務の領域のいずれかの地位の前提にすぎないとすると、法的地位を変化させることができるという、

---

21)　Ross 1968, p. 118. ロスは次のようにも述べる。すなわち、権限規範は「宣言された手続の方式に従って存在するに至った規範は行為規範とみなされるべきであるという趣旨の指令（directives）である。ゆえに、権限規範は間接的に表現された行為規範である」（Ross 1958, p. 32）。
　　　ただし、相手方による権限の行使の結果として、権能に服する人格、すなわちロスの用語で従属（ホーフェルドの用語では責任）の地位にある人格の責務（義務）が消滅する場合もあるので、ロスの叙述は不正確である（cf. Kramer 1998, p. 108）。
22)　Alexy 2008, S. 61. アレクシーは、ロスのように義務以外の規範的概念を義務の概念に還元することは、①否定（Negierung）、②相関化（Relativisierung）、および③潜在化という三つの操作によってなされるとする（Alexy 2008, S. 55-62）。ここでは③の操作に焦点を絞って考察する。
23)　Alexy 1996, S. 217. Cf. Hart 1882b, pp. 218-9（邦訳, 178頁）; 2012, pp. 35-42（邦訳, 75-84頁）.

権能（権限）の概念によって表される地位は独立の法的地位として記述されなくなる。つまり、権能ー責任関係は、法的地位を変化させる側の人格ではなく、変化させられる側の人格の変化させられた後の法的地位によって記述されることになり、「自身の行為によって他の人格（または自身）の法的地位を変化させることができる」という権能保持者の地位は、独自の重要性をもたないものとみなされる。こうした立場は、理論的に誤りであるというわけではない[24] ものの、法的地位の変化という動的側面にかかわる、ある人格の地位を十分に記述することができないという欠点をもつ[25]。

第2節　義務の領域を権能の領域に還元する立場

本節では、前節で検討した立場とは反対に、義務の領域の概念を権能の領域の概念に還元する試みについて論じる。

1. 権利と権能

第5章では、義務に相関する権利を強制権能によって基礎づける立場を紹介した。このような立場をとると、権利は、義務違反の結果として権利者に

---

24)　三本 2010, 68-71, 75 頁参照。

25)　なお、権能（権限）付与規範は法官吏を名宛人とする義務賦課規範であるとする者もいる。たとえばスパークは、権限を付与する規範は、法官吏に宛てられた義務賦課規範として最もよく理解されるとする（Spaak 2003, p. 90）。スパークによる還元は次のようなものである。「……権限を付与する義務賦課規範は、法官吏に宛てられており、ある一定の状況においてある一定のカテゴリーの人格によってある一定の仕方でもたらされた一定の法的地位の変化を法的に有効なものとして承認する義務を、法官吏に課するだろう。すなわち、そのような規範がある人格 p に権限を付与するのは、p が、ある一定のタイプの行為 a をなすことによって、ある一定のタイプの状況 S において、ある法的地位 LP を変化させるということを承認する責務を、別の人格 q に課することによってだろう」（Spaak 2003, p. 94）。スパークによれば、規範の第一義的機能は行為の理由を与えることによって人間の行動を指導することであり、権限規範はこの機能を果たさないので、真の規範ではないとされる（Spaak 2003, pp. 93, 97 ff.）。このような構成をとる場合でも、法官吏に対する義務を課することができる権限保持者の地位や、法的地位の変化を有効に承認することができる法官吏の地位などは、義務賦課規範だけでは十分に記述できない。

182　第7章　義務の領域と権能の領域の相互関係

付与される強制権能によって基礎づけられる。こうした考え方を徹底させれば、究極的には権利は権能に還元可能であるという帰結が導かれうる。

　特権と無権利がどのようなものであるかについては、二通りの考え方がある。一つは、無権利と特権がそれぞれ権利と義務の不存在を意味する点から、無権利者が権能の不存在としての無能力をもち、特権者が責任の不存在としての免除をもつとする考え方である。ハイルマンはこのような考え方をとる[26]。

　もう一つは、ゴーブルのように、無権利が表す地位は無能力ではなく権能であるとする考え方である。たとえば、BがA所有の甲土地に立ち入った場合で、AがBに甲土地を横切る許可を与えていたとする。この時、Aは、Bが損害賠償を支払うべきであるという権利をもたず（無権利をもち）、Bは損害賠償を支払わない特権をもつ。ゴーブルは、このような例におけるAの無権利という地位が表すのは無能力ではなく権能であるとする。Aは、もしBが抗弁を提出すれば、勝訴判決を得ることはできないが、Bが出廷して答弁をしなければ、欠席判決（judgment by default）という形で勝訴判決を得る。この場合のAの「無権利」という地位は、次のように表される。すなわち、「AはBを訴え、そしてそれによって、抗弁を提出することによって自身において判決に対する免除を創出することをBに授権することを裁判所および他の官吏に授権する権能をもつ[27]」。

2.　義務者がもつ権能

　以上は権利—義務関係をもっぱら権利者の権能、および義務者の責任によって記述するものである。権利者の強制権能を基準に還元を行う場合、このように権利が権能に還元されることになる。しかし、このように考えるのは、義務者の権能を考慮に入れていない点で、不十分である。

　権利—義務関係自体は、義務者の行為を内容とする法律関係である。そして、第6章で考察したように、義務者は義務の履行や義務違反によって法的

---

26)　Heilman 1932, p. 844.

27)　Goble 1935, p. 539.

第2節　義務の領域を権能の領域に還元する立場　　183

地位を変化させることができる。この意味で、義務者は一定の権能——コクーレクの用語で言えば、義務権能および反義務権能——をもつと考えられる。ただし、義務の履行が法的地位の変化を生じさせない場合があるので、義務権能は必ずしも義務と一緒に存在するとは限らない。反義務権能が義務者に特有の地位であると筆者は考える。強制権能は、義務者による義務違反がなされた結果として権利者に付与される。この点に着目すれば、権利—義務関係の両当事者のうち、法律関係を変化させるイニシアチブを握っているのは、むしろ義務者の方であると言える。反義務権能を認める筆者の立場からは、権利について強制権能説をとるとしても、単純に「権利者の地位＝権能」、「義務者の地位＝責任」とするのは適切でない。義務者の反義務権能を考慮に入れるならば、義務が違反される前の時点においては、権利—義務関係は義務者の権能と、これに相関する権利者の責任によって記述されるべきである[28]（なお、義務者は義務に違反することによって、自身の法的地位も変化させる。したがって、義務者は自身に対して権能をもち、責任を負うということになる）。

3.　特権・無権利

　義務が権能として記述されるとすれば、特権はその不存在としての無能力として記述される。つまり、特権者は義務違反によって無権利者の法的地位を変化させることができないという意味で、無能力をもつ。また、無権利者は、特権者による義務違反によって自身の法的地位が変化させられることがないという意味で、免除をもつ。権利者の地位＝権能と考える立場を前提とすると、無権利者が権能をもつか否かがもっぱら論じられる。無権利者は無能力をもつとするのがハイルマン、無権利者は権能をもつ（が、権利者の権

28）　無論、権利—義務関係が存在する時、権利者や義務者はこれ以外の権能をもちうる。たとえば権利が放棄可能であったり譲渡可能であったりする場合、権利者は自身の権利および義務者の義務を消滅させる権能や、第三者において権利を生じさせる権能をもつ。また、義務の履行が法的地位の変化を生じさせる場合には、義務者は義務権能をもつ。しかし、これらの権能は必ず存在するとは限らないので、ここでは挙げていない。

184　第7章　義務の領域と権能の領域の相互関係

能とは種類が異なる）とするのがゴーブルであった。しかし、権利―義務関係は義務者の反義務権能と権利者の責任によって記述されるべきであるということを前項で指摘した。この点を考慮に入れると、特権が無能力、無権利が免除として記述されるとするのが適切である。

第3節　小括

　本章では、義務の領域と権能の領域の一方を他方に還元する試みについて考察した。まず、第1節では、権能の領域を義務の領域に還元する試みについて検討した。このような試みには、①権能は特権の一種である、ないし権能は特権を含意するとするもの、②権能行使の条件の不充足を義務違反と同一視するもの、③権限規範を行為規範の前提とみなすものがある。しかし、①は特権と権能の概念上の違いを無視しており、また②も権能行使の条件の不充足がいかなる法的効果も発生させないのに対し、義務違反がなされると一定の法的効果が発生するという点を看過しており、不適切である。もし権能の領域を義務の領域に還元しようとするのであれば、③のように考えることになるだろう。ただし、③のように考えると、「自身の行為によって他の人格（または自身）の法的地位を変化させることができる」という権能保持者の地位を独自の重要性をもつものとして記述することができない。

　次に、第2節では、義務の領域を権能の領域に還元する可能性について検討した。権利者の強制権能を基準に還元を行う場合、権利が権能に、義務が責任に還元される。しかし、義務者は義務違反によって法的地位の変化を生じさせることができるので、権能――反義務権能――をもつと考えられる。強制権能は、義務者による義務違反の結果、権利者に付与される。したがって、単純に「権利者の地位＝権能」、「義務者の地位＝責任」とすることは適切ではない。義務が違反される前の時点においては、権利―義務関係は義務者の権能と権利者の責任によって記述されるべきである。

　このような立場をとれば、ホーフェルド図式における二つの領域のうち、義務の領域は権能の領域に以下のような形で還元される。権利―義務関係に

おいて、義務者は義務違反によって権利者において強制権能を発生させることができるという意味で、義務は権能として記述される。これに対し、権利はこの権能に相関する責任として記述される。強制権能は、義務者による権能の行使の結果、権利者に付与されるということになる。さらに、特権者は義務者がもつ上記の権能をもたないと考えられるので、特権は無能力として記述され、無権利はこの無能力に相関する免除として記述される。

第2部のまとめ

　第2部では、法律関係分析における権能概念の役割について、権能とその他の概念の間の理論的関係や、権能の領域と義務の領域の相互関係という観点から考察してきた。

　第4章では、権能概念をめぐる諸論点について考察した。そこでは、①自分自身に対する権能を認めるべきか、②出来事による法的地位の変化に服する地位を責任として記述すべきか、③法的権能と物理的力の区別、④法的地位の変化はそれらの「発生または消滅」に限られるか、⑤ある人格が法的地位を「変化させない」ことができる場合、当該人格は権能をもつとすべきか、といった論点を考察した。

　第5章では、ある人格が義務に相関する権能をもつと言うことができるためには、義務の違反がなされた場合に、当該人格に強制権能が付与されることが必要であるかという論点について、強制権能説と否定説の立場を比較検討した。筆者は、権利概念の明確さという観点から、強制権能説、その中でも権利を強制権能のみによって基礎づける最も単純な立場を支持する。

　第6章では、義務者がもつ権能について考察した。コクーレクは、義務を負う人格は義務権能および反義務権能をもつと考えた。ただし、義務は必ずしも義務権能を伴うとは限らない。反義務権能を認めることに対しては、批判がある。しかし、反義務権能の存在を認めることに理論的な問題はないというのが、筆者の立場である。

　第7章では、ホーフェルド図式における義務の領域と権能の領域の相互関係について、一方を他方に還元する試みを検討した。権能の領域を義務の領域に還元する試みの中で理論的に可能なのは、権限規範を行為規範の前提とみなす立場である。しかし、このように考えると、権能保持者が自身の行為によって法的地位を変化させることができるという点を適切に表現できなく

188   第2部のまとめ

なる。これとは反対に、義務の領域を権能の領域に還元する立場の中で代表的なものは、義務に相関する権利についての強制権能説に基づき、権利を権能、義務を責任に還元する立場である。しかし、反義務権能を認めることに問題なはく、強制権能は義務者による義務違反の結果として権利者に付与されるという点を考慮すると、むしろ義務が権能として記述され、権利はこの権能に相関する責任として記述されると考えるべきである。そして、特権は義務者がもつ上記の権能の不存在としての無能力として記述され、無権利はこの無能力に相関する責任として記述されるということになる。

結論

　本書の結論をまとめると、次のようになる。義務の領域の各概念は、権能の領域の各概念に還元されうる。権利―義務関係において、義務者は義務違反によって権利者において強制権能を発生させることができるという意味で、義務は権能として記述され、権利はこの権能に相関する責任として記述される。強制権能は、義務者による権能の行使の結果として、権利者に付与される。また、権利―義務関係の不存在としての特権―無権利関係において、特権は義務者がもつ上記の権能の不存在としての無能力として記述され、無権利はこの無能力に相関する免除として記述される。このように、義務の領域を権能の領域に還元する際には、義務と権能、権利と責任、特権と無能力、無権利と免除を対応させるのが適切である。以上のような結論は、大きく二つの点で法律関係分析を進歩させるものであると筆者は考える。

　第一に、義務の領域を権能の領域に還元することが理論的に可能であることを示したという点である。権能の領域を義務の領域に還元する試みは、これまで多くなされてきた（その代表的なものについては、第7章第1節で検討した）。これに対し、義務の領域を権能の領域に還元する試みに言及がなされることは少なかった。こうした試みの先駆的な例としては、ハイルマンやゴーブルの法律関係論が挙げられる。第3章では、彼らの議論を取り上げることにより、その学説史的意義を明らかにした。

　第二に、義務の領域を権能の領域に還元する場合、義務を権能として記述するのが適切であることを示したという点である。義務の領域を権能の領域に還元する立場をとる論者は、権利者の強制権能を基準に対応関係を組み立てている。しかしながら、強制権能は義務者による義務違反の結果として権利者に付与されるものである。筆者は、義務者が法的地位の変化を生じさせることができるという点に着目し、義務を権能として記述することを提案し

た。

　義務の領域の概念は、ある行為をすべきである、またはしてよいという一方の人格の地位、およびそれに相関する他方の人格の地位を表現する。これらの概念は、ある人格がどのような法的地位の変化を生じさせることができるかを表現するものではない。それらを権能の領域の概念に置き換えることによって、各当事者が自身の行為によっていかなる法的地位の変化を生じさせうるか（または生じさせえないか）、および他の人格の行為によっていかなる法的地位の変化に服するか（または服しないか）を明示することができる。権能および権能の領域の各概念を基礎に据えた法律関係論は、このような長所を有する。

文献一覧

Alexy, Robert (1996). *Theorie der Grundrechte*, 3. Aufl., Frankfurt a. M.: Suhrkamp.

―――― (2008). "Alf Ross' Begriff der Kompetenz," in Hans Hattenhauer, Andreas Hoyer, Rudolf Meyer-Pritzl und Werner Schubert (hrsg.), *Gedächtnisschrift für Jörn Eckert: 15. Mai 1954 bis 21. März 2006*, Baden-Baden: Nomos Verlagsgesellschaft, S. 43-64.

―――― (2013). "Hans Kelsen's Concept of the 'Ought'," *Jurisprudence* 4, 235-45.

Austin, John (1885). *Lectures on Jurisprudence or the Philosophy of Positive Law*, 2 vols., 5th ed., revised and edited by Robert Campbell, London: John Murray.

Bentham, Jeremy (1843). "A General View of a Complete Code of Laws," in *The Works of Jeremy Bentham*, vol. 3, published under the superintendence of his executor, John Bowring, Edinburgh: William Tait, pp. 155-210.

―――― (1945). *The Limits of Jurisprudence Defined: Being Part Two of An Introduction to the Principles of Morals and Legislation*, now first printed from the author's manuscript, with an Introduction by Charles Warren Everett, New York: Columbia University Press.

―――― (1970). *Of Laws in General*, edited by H. L. A. Hart, London: Athlone Press.

―――― (2010). *Of the Limits of the Penal Branch of Jurisprudence*, edited by Philip Schofield, Oxford: Clarendon Press.

Bierling, Ernst Rudolf (1877). *Zur Kritik der juristischen Grundbegriffe*, 1. Teil, Gotha: Friedrich Andreas Perthes.

―――― (1883). *Zur Kritik der juristischen Grundbegriffe*, 2. Teil, Gotha: Friedrich Andreas Perthes.

―――― (1894). *Juristische Prinzipienlehre*, 1. Bd., Freiburg i. B. und Leipzig: J. C. B. Mohr (Paul Siebeck).

―――― (1898). *Juristische Prinzipienlehre*, 2. Bd., Freiburg i. B., Leipzig und Tübingen: J. C. B. Mohr (Paul Siebeck).

Brady, James B. (1972). "Law, Language and Logic: The Legal Philosophy of Wesley Newcomb Hohfeld," *Transactions of the Charles S. Peirce Society* 8, 246-63.

Brazil, Ben (2011). "Connecting the Hohfeldian Boxes: Towards a Technical Definition of Liberty," in Suri Ratnapala and Gabriël A. Moens (eds.), *Jurisprudence of Liberty*, 2nd ed., Chatswood: LexisNexis Butterworths, pp. 439-63.

Brinz, Alois (1873). *Lehrbuch der Pandekten*, 1. Bd., 2. Aufl., Erlangen: Andreas Deichert.

——— (1892). *Lehrbuch der Pandekten*, 4. Bd., 2. Aufl., nach dem Tode des Verfassers besorgt von Philipp Lotmar, Erlangen und Leipzig: Andr. Deichert (G. Böhme).

Bulygin, Eugenio (1992). "On Norms of Competence," *Law and Philosophy* 11, 201-16.

Campbell, A. H. (1940). "Some Footnotes to Salmond's Jurisprudence," *Cambridge Law Journal* 7, 206-23.

Clark, Charles E. (1922). "Relations, Legal and Otherwise," *Illinois Law Quarterly* 5, 26-35.

Commons, John R. (1924). *Legal Foundations of Capitalism*, New York: Macmillan (第5章までの邦訳として、新田隆信他訳『資本主義の法律的基礎（上巻）』コロナ社、1964年).

Cook, Walter W. (1928). "The Utility of Jurisprudence in the Solution of Legal Problems," in Jacob Marks *et al.*, *Lectures on Legal Topics 1923-1924*, New York: Macmillan, pp. 335-90.

Corbin, Arthur L. (1917). "Offer and Acceptance, and Some of the Resulting Legal Relations," *Yale Law Journal* 26, 169-87.

——— (1919). "Legal Analysis and Terminology," *Yale Law Journal* 29, 163-73.

——— (1921a). "Jural Relations and their Classification," *Yale Law Journal* 30, 226-38.

——— (1921b). "Terminology and Classification in Fundmental Jural Relations," *American Law School Review* 4, 607-14.

——— (1922). "What is a Legal Relation?," *Illinois Law Quarterly* 5, 50-2.

Cullison, Alan D. (1967). "A Review of Hohfeld's Fundamental Legal Concepts," *Cleveland-Marshall Law Review* 16, 559-73.

Dainow, Joseph (1934). "The Science of Law: Hohfeld and Kocourek," *Canadian Bar Review* 12, 265-82.

Dias, R. W. M. (1985). *Jurisprudence*, 5th ed., London: Butterworths.

Dickey, Anthony (1971). "Hohfeld's Debt to Salmond," *University of Western Australia Law Review* 10, 59-64.

Dölle, Hans (1927). "Theoretische Jurisprudenz in Nordamerika," *Beiträge zur Erläuterung des Deutschen Rechts* 68, 492-505.

Eckhoff, Torstein and Sundby, Nils Kristian (1988). *Rechtssysteme: Eine systemtheoretische Einführung in die Rechtstheorie*, Berlin: Duncker & Humblot（都築廣巳他訳『法システム──法理論へのアプローチ──』ミネルヴァ書房、1997 年).

Evans, Jim (1984). "The Concept of Legal Power," *New Zealand Universities Law Review* 11, 149-64.

Finan, John P. (1979). "Presumptions and Modal Logic: A Hohfeldian Approach," *Akron Law Review* 13, 19-31.

Finnis, John (2011). *Natural Law and Natural Rights*, 2nd ed., Oxford: Oxford University Press.

Francisco, Vicente J. (1952). *Jurisprudence: With Selected Readings*, Manila: East Publishing.

Funke, Andreas (2004). *Allgemeine Rechtslehre als juristische Strukturtheorie: Entwicklung und gegenwärtige Bedeutung der Rechtstheorie um 1900*, Tübingen: Mohr Siebeck.

Goble, George W. (1922a). "Affirmative and Negative Legal Relations," *Illinois Law Quarterly* 4, 94-106.

────── (1922b). "Negative Legal Relations Re-examined," *Illinois Law Quarterly* 5, 36-49.

────── (1924). "Terms for Restating the Law," *American Bar Association Journal* 10, 58-60.

────── (1935). "A Redefinition of Basic Legal Terms," *Columbia Law Review* 35, 535-47.

Gottlieb, Stephen E. *et al.* (2015). *Jurisprudence Cases and Materials: An Introduction to the Philosophy of Law and Its Applications*, 3rd ed., Danvers: LexisNexis.

Gray, John Chipman (1909). *The Nature and Sources of the Law*, 1st ed., New York: Columbia University Press.

Hall, Jerome (ed.) (1938). *Readings in Jurisprudence*, selected, edited, and arranged by Jerome Hall, Indianapolis: Bobbs-Merrill.

Halpin, Andrew (2014). "Bentham's Limits and Hohfeld," in Guillaume Tusseau (ed.), *The Legal Philosophy and Influence of Jeremy Bentham: Essays on Of the Limits of the Penal Branch of Jurisprudence*, Abingdon: Routledge, pp. 196-223.

Hart, H. L. A. (1955). "Are There Any Natural Rights?," *Philosophical Review* 64, 175-91（小林公訳「自然権は存在するか」H・L・A・ハート著、小林公・森村進訳『権利・功利・自由』木鐸社、1987 年、9-34 頁）.

—— (1982a). "Legal Rights," in H. L. A. Hart, *Essays on Bentham: Studies in Jurisprudence and Political Theory*, Oxford: Clarendon Press, pp. 162-93（森村進訳「法的権利」H・L・A・ハート著、小林公・森村進訳『権利・功利・自由』木鐸社、1987 年、99-146 頁）.

—— (1982b). "Legal Powers," in H. L. A. Hart, *Essays on Bentham: Studies in Jurisprudence and Political Theory*, Oxford: Clarendon Press, pp. 194-219（森村進訳「法的権能」H・L・A・ハート著、小林公・森村進訳『権利・功利・自由』木鐸社、1987 年、147-83 頁）.

—— (2012). *The Concept of Law*, 3rd. ed., with a Postscript edited by Penelope A. Bulloch and Joseph Raz, and with an Introduction and Notes by Leslie Green, Oxford: Oxford University Press（長谷部恭男訳『法の概念〔第 3 版〕』筑摩書房、2014 年）.

Hearn, William Edward (1883). *The Theory of Legal Duties and Rights: An Introduction to Analytical Jurisprudence*, Melbourne: John Ferres.

Heilman, Raymond J. (1932). "Bases of Construction of Systems of Legal Analysis," *Illinois Law Review* 26, 841-79.

Herget, James E (1990). *American Jurisprudence, 1870-1970: A History*, Houston: Rice University Press.

Hislop, David John (1967). "The Hohfeldian System of Fundamental Legal Conceptions," *Archiv für Rechts- und Sozialphilosophie* 53, 53-89.

Hohfeld, Wesley Newcomb (1913). "Some Fundamental Legal Conceptions as Applied in Judicial Reasoning," *Yale Law Journal* 23, 16-59.

文献一覧　　195

——— (1917). "Fundamental Legal Conceptions as Applied in Judicial Reasoning," *Yale Law Journal* 26, 710-70.

——— (1923). *Fundamental Legal Conceptions as Applied in Judicial Reasoning and Other Legal Essays*, edited by Walter Wheeler Cook, New Haven: Yale University Press.

Hölder, Eduard (1893). *Ueber objectives und subjectives Recht*, Leipzig: A. Deichert (G. Böhme).

Holland, Sir Thomas Erskine (1924). *The Elements of Jurisprudence*, 13th ed., Oxford: Clarendon Press.

Kasper, Franz (1967). *Das subjektive Recht – Begriffsbildung und Bedeutungsmehrheit*, Karlsruhe: C. F. Müller.

Kelsen, Hans (1923). *Hauptprobleme der Staatsrechtslehre: entwickelt aus der Lehre vom Rechtssatze*, 2. Aufl., Tübingen: J. C. B. Mohr (Paul Siebeck).

——— (1925). *Allgemeine Staatslehre*, Berlin: Julius Springer (清宮四郎訳『一般国家学〔改版〕』岩波書店、1971 年).

——— (1945). *General Theory of Law and State*, translated by Anders Wedberg, Cambridge, Mass.: Harvard University Press (尾吹善人訳『法と国家の一般理論』木鐸社、1991 年).

——— (1987). *Auseinandersetzungen zur Reinen Rechtslehre: Kritische Bemerkungen zu Georges Scelle und Michel Virally*, Im Auftrag des Hans-Kelsen-Institutes aus dem Nachlaß herausgegeben von Kurt Ringhofer und Robert Walter, Wien: Springer-Verlag.

——— (2000). *Reine Rechtslehre*, 2. Aufl. 1960, Nachdruck 2000, Wien: Verlag Österreich (長尾龍一訳『純粋法学　第二版』岩波書店、2014 年).

Kocourek, Albert (1920a). "The Hohfeld System of Fundamental Legal Concepts," *Illinois Law Review* 15, 24-39.

——— (1920b). "Plurality of Advantage and Disadvantage in Jural Relations," *Michigan Law Review* 19, 47-61.

——— (1921a). "Tabulae Minores Jurisprudentiae," *Yale Law Journal* 30, 215-25.

——— (1921b). "Reply to Paper of Professor Corbin," *American Law School Review* 4, 614-6.

——— (1922). "Non-Legal-Content Relations," *Illinois Law Quarterly* 4, 233-9.

——— (1923a). "Basic Jural Relations," *Illinois Law Review* 17, 515-32.

—— (1923b). "Non-Legal-Content Relations Recombated," *Illinois Law Quarterly* 5, 150-9.

—— (1923c). "The Alphabet of Legal Relations," *American Bar Association Journal* 9, 237-9.

—— (1927). *Jural Relations*, 1st ed., with an Introduction by John H. Wigmore, Indianapolis: Bobbs-Merrill.

—— (1930). *An Introduction to the Science of Law*, Boston: Little, Brown.

—— (1937). "The Century of Analytic Jurisprudence since John Austin," in *Law: A Century of Progress 1835 · 1935: Contributions in Celebration of the 100th Anniversary of the Founding of the School of Law of New York University*, vol. 2, New York: New York University Press, pp. 195-230.

Kramer, Matthew H. (1998). "Rights Without Trimmings," in Matthew H. Kramer, N. E. Simmonds and Hillel Steiner, *A Debate Over Rights: Philosophical Enquiries*, Oxford: Oxford University Press, pp. 7-111.

—— (2000). "On the Nature of Legal Rights," *Cambridge Law Journal* 59, 473-508.

—— (2001). "Getting Rights Right," in Matthew H. Kramer (ed.), *Rights, Wrongs and Responsibilities*, Basingstoke: Palgrave, pp. 28-95.

—— (2013). "Some Doubts about Alternatives to the Interest Theory of Rights," *Ethics* 123, 245-63.

Kurki, Visa A. J. (2017). "Legal Competence and Legal Power," in Mark McBride (ed.), *New Essays on the Nature of Rights*, Oxford: Hart Publishing, pp. 31-47.

Lehmann, Heinrich (1963). *Allgemeiner Teil des Bürgerlichen Gesetzbuches*, 14. Aufl., Berlin: Walter de Gruyter.

Lenel, Otto (1876). *Über Ursprung und Wirkung der Exceptionen*, Heidelberg: Gustav Koester.

Lindahl, Lars (1977). *Position and Change: A Study in Law and Logic*, Dordrecht: D. Reidel Publishing.

Lindahl, Lars and Reidhav, David (2017). "Legal Power: The Basic Definition," *Ratio Juris* 30, 158-85.

Lyons, David (1994). *Rights, Welfare, and Mill's Moral Theory*, New York: Oxford University Press.

Lysaght, L. J. (1973). "Bentham on the Aspects of a Law," *Northern Ireland Legal*

Quarterly 24, 383-98.

MacCormick, Neil (1977). "Rights in Legislation," in P. M. S. Hacker and J. Raz (eds.), *Law, Morality, and Society: Essays in Honour of H. L. A. Hart*, Oxford: Clarendon Press, pp. 189-209.

———— (1982). *Legal Right and Social Democracy: Essays in Legal and Political Philosophy*, Oxford: Clarendon Press.

———— (2008). *H. L. A. Hart*, 2nd ed., Stanford: Stanford University Press.

Makinson, David (1986). "On the Formal Representation of Rights Relations: Remarks on the Work of Stig Kanger and Lars Lindahl," *Journal of Philosophical Logic* 15, 403-25.

Markby, William (1871). *Elements of Law: Considered with Reference to Principles of General Jurisprudence*, 1st ed., Oxford: Clarendon Press.

———— (1905). *Elements of Law: Considered with Reference to Principles of General Jurisprudence*, 6th ed., Oxford: Clarendon Press.

Marsh, Thompson G. (1969). "The Legal Continuum," *Northwestern University Law Review* 64, 459-86.

———— (1973). "Toward a Jural Pasigraphy," *Denver Law Journal* 50, 351-67.

Merkel, Adolf (1922). *Juristische Enzyklopädie*, 7. Aufl., herausgegeben von Rudolf Merkel, Berlin und Leipzig: Vereinigung wissenschaftlicher Verleger.

Mill, John Stuart (1875). *Dissertations and Discussions: Political, Philosophical, and Historical*, reprinted chiefly from the Edinburgh and Westminster Reviews, vol. 3, 2nd ed., London: Longmans, Green, Reader, and Dyer.

Moreso, José Juan (2014). "Bentham's Deontic Logic," in Guillaume Tusseau (ed.), *The Legal Philosophy and Influence of Jeremy Bentham: Essays on Of the Limits of the Penal Branch of Jurisprudence*, Abingdon: Routledge, pp. 71-9.

Moritz, Manfred (1960). *Über Hohfelds System der juridischen Grundbegriffe*, Lund: C. W. K. Gleerup.

Mullock, Philip (1970). "The Hohfeldian No-Right: A Logical Analysis," *Archiv für Rechts- und Sozialphilosophie* 56, 265-72.

———— (1974). "The Permissiveness of Powers," *Ratio* 16, 76-81.

Paton, George Whitecross (1972). *A Textbook of Jurisprudence*, 4th ed., edited by G. W. Paton and David P. Derham, Oxford: Clarendon Press.

Paulson, Stanley L. (1988). "An Empowerment Theory of Legal Norms," *Ratio*

Juris 1, 58-72.

―――― (2005). "Zwei radikale Objektivierungsprogramme in der Rechtslehre Hans Kelsens," in Stanley L. Paulson und Michael Stolleis (hrsg.), *Hans Kelsen: Staatsrechtslehrer und Rechtstheoretiker des 20. Jahrhunderts*, Tübingen: Mohr Siebeck, S. 191-220.

―――― (2012). "A 'Justified Normativity' Thesis in Hans Kelsen's Pure Theory of Law?: Rejoinders to Robert Alexy and Joseph Raz," in Matthias Klatt (ed.), *Institutionalized Reason: The Jurisprudence of Robert Alexy*, Oxford: Oxford University Press, pp. 61-111.

Philbrick, Francis S. (1939). *Property*, New York: P. F. Collier & Son.

Portmann, Wolfgang (1996). *Wesen und System der subjektiven Privatrechte*, Zürich: Schulthess Polygraphischer Verlag.

Pound, Roscoe (1916). "Legal Rights," *International Journal of Ethics* 26, 92-116.

―――― (1937). "Fifty Years of Jurisprudence," *Harvard Law Review* 50, 557-82.

―――― (1959). *Jurisprudence*, vol. 4, St. Paul: West Publishing.

Radin, Max (1938). "A Restatement of Hohfeld," *Harvard Law Review* 51, 1141-64.

Rainbolt, George W. (2006). *The Concept of Rights*, Dordrecht: Springer.

Ratnapala, Suri (2017). *Jurisprudence*, 3rd ed., Cambridge: Cambridge University Press.

Raz, Joseph (1972). "Voluntary Obligations and Normative Powers," *Proceedings of the Aristotelian Society. Supplementary Volume* 46, 79-102.

―――― (1984). "Legal Rights," *Oxford Journal of Legal Studies* 4, 1-21(桜井徹訳「法的権利」ジョセフ・ラズ著、深田三徳編『権威としての法　法理学論集』勁草書房、1994 年、307-55 頁).

―――― (1990). *Practical Reason and Norms*, 2nd ed., Oxford: Oxford University Press.

―――― (2009). *The Authority of Law: Essays on Law and Morality*, 2nd ed., Oxford: Oxford University Press.

Ross, Alf (1958). *On Law and Justice*, London: Stevens.

―――― (1968). *Directives and Norms*, London: Routledge & Kegan Paul.

Salmond, John W. (1902). *Jurisprudence or the Theory of the Law*, 1st ed., London: Stevens & Haynes.

―――― (1907). *Jurisprudence or the Theory of the Law*, 2nd ed., London: Stevens and Haynes.

———— (1966). *Salmond on Jurisprudence*, 12th ed., by P. J. Fitzgerald, London: Sweet & Maxwell.

Sartor, Giovanni (2005). *Legal Reasoning: A Cognitive Approach to the Law*, Dordrecht: Springer.

———— (2006). "Fundamental Legal Concepts: A Formal and Teleological Characterisation," *Artificial Intelligence and Law* 14, 101-42.

Schlossmann, Siegmund (1876). *Der Vertrag*, Leipzig: Breitkopf und Härtel.

Schnüriger, Hubert (2013). "Der Begriff der Kompetenz," *Archiv für Rechts- und Sozialphilosophie* 99, 77-94.

Schulev-Steindl, Eva (2008). *Subjektive Rechte: Eine rechtstheoretische und dogmatische Analyse am Beispiel des Verwaltungsrechts*, Wien: Springer-Verlag.

Searle, John R. (1969). *Speech Acts: An Essay in the Philosophy of Language*, Cambridge: Cambridge University Press（坂本百大・土屋俊訳『言語行為 言語哲学への試論』勁草書房、1986 年）.

Sieckmann, Jan-Reinard (1990). *Regelmodelle und Prinzipienmodelle des Rechtssystems*, Baden-Baden: Nomos Verlagsgesellschaft.

Simmonds, Nigel E. (1998). "Rights at the Cutting Edge," in Matthew H. Kramer, N. E. Simmonds and Hillel Steiner, *A Debate Over Rights: Philosophical Enquiries*, Oxford: Oxford University Press, pp. 113-232.

———— (2001). "Introduction," in Wesley Newcomb Hohfeld, *Fundamental Legal Conceptions as Applied in Judicial Reasoning*, edited by David Campbell and Philip Thomas, with an Introduction by Nigel E. Simmonds, Aldershot; Burlington, Vt.: Ashgate/Dartmouth, pp. ix-xxix.

———— (2013). *Central Issues in Jurisprudence: Justice, Law and Rights*, 4th ed., London: Sweet & Maxwell.

Singer, Joseph William (1982). "The Legal Rights Debate in Analytical Jurisprudence from Bentham to Hohfeld," *Wisconsin Law Review* 1982, 975-1059.

Spaak, Torben (1994). *The Concept of Legal Competence: An Essaay in Conceptual Analysis*, translated by Robert Carroll, Aldershot: Dartmouth.

———— (2003). "Norms that Confer Competence," *Ratio Juris* 16, 89-104.

———— (2009). "Explicating the Concept of Legal Competence," in Jaap C. Hage and Dietmar von der Pfordten (eds.), *Concepts in Law*, Dordrecht: Springer, pp. 67-80.

Steiner, Hillel (1994). *An Essay on Rights*, Oxford: Blackwell（浅野幸治訳『権利論　レフト・リバタリアニズム宣言』新教出版社、2016年）.

———— (1998). "Working Rights," in Matthew H. Kramer, N. E. Simmonds and Hillel Steiner, *A Debate Over Rights: Philosophical Enquiries*, Oxford: Oxford University Press, pp. 233-301.

Stoljar, Samuel (1984). *An Analysis of Rights*, New York: St. Martin's Press.

Strömberg, Tore (1984). "Norms of Competence in Scandinavian Jurisprudence," *Scandinavian Studies in Law* 28, 151-61.

Tapper, C. F. H. (1973). "Powers and Secondary Rules of Change," in A. W. B. Simpson (ed.), *Oxford Essays in Jurisprudence (Second Series)*, Oxford: Clarendon Press, pp. 242-77.

Terry, Henry T. (1884). *Some Leading Principles of Anglo-American Law: Expounded with a View to its Arrangement and Codification*, Philadelphia: T. & J. W. Johnson.

———— (1898). *An Elementary Treatise on the Common Law, for the Use of Students*, Tōkyō: Z. P. Maruya (Maruzen).

———— (1903). "Legal Duties and Rights," *Yale Law Journal* 12, 185-212.

———— (1924). "Duties, Rights and Wrongs," *American Bar Association Journal* 10, 123-8.

Thon, August (1878). *Rechtsnorm und subjectives Recht: Untersuchungen zur allgemeinen Rechtslehre*, Weimar: Hermann Böhlau.

Tuhr, Andreas von (1910). *Der Allgemeine Teil des Deutschen Bürgerlichen Rechts*, 1. Bd., Leipzig: Duncker & Humblot.

Tusseau, Guillaume (2007). "Jeremy Bentham on Power-Conferring Laws," *Revue d'études benthamiennes* 3, 48-77.

Wellman, Carl (1985). *A Theory of Rights: Persons Under Laws, Institutions, and Morals*, Totowa: Rowman & Allanheld.

———— (1990). "Relative Duties in the Law," *Philosophical Topics* 18, 183-202.

———— (1997). *An Approach to Rights: Studies in the Philosophy of Law and Morals*, Dordrecht: Kluwer Academic Publishers.

Williams, Glanville (1968). "The Concept of Legal Liberty," in Robert S. Summers (sel. and ed.), *Essays in Legal Philosophy*, Oxford: Basil Blackwell, pp. 121-45.

Wilson, J. G. (1980). "Hohfeld: A Reappraisal," *University of Queensland Law Journal* 11, 190-204.

Windscheid, Bernhard (1870). *Lehrbuch des Pandektenrechts*, 1. Bd., 3. Aufl., Düsseldorf: Julius Buddeus.

Wright, Georg Henrik von (1963). *Norm and Action: A Logical Enquiry*, London: Routledge & Kegan Paul（稲田靜樹訳『規範と行動の論理学』東海大学出版会、2000 年）.

Zitelmann, Ernst (1900). *Das Recht des Bürgerlichen Gesetzbuchs: Allgemeiner Teil*, Leipzig: Duncker & Humblot.

青井秀夫（2007）『法理学概説』有斐閣

新正幸（2009）『ケルゼンの権利論・基本権論』慈学社

石井幸三（1982a; 1982b）「ベンタム『法一般論』に関する覚え書（一）・（二・完）」『龍谷法学』15 巻 1 号 67-104 頁；15 巻 2 号 58-111 頁

大塚滋（1996）「法としての権利」『東海法学』16 号 203-53 頁

―――（2014）『説き語り　法実証主義』成文堂

大橋智之輔（1985）「ドイツにおける法承認論――ビーアリング、ラウン等――」大橋智之輔他編『現代の法思想：天野和夫・矢崎光圀・八木鉄男先生還暦記念』有斐閣、2-29 頁

―――（1990）「『承認論』の歴史的位置」今井弘道編『法思想史的地平』昭和堂、83-108 頁

奥田昌道（1979）『請求権概念の生成と展開』創文社

戒能通弘（2013）『近代英米法思想の展開――ホッブズ＝クック論争からリアリズム法学まで――』ミネルヴァ書房

亀本洋（2010）「ホーフェルド図式の意味と意義」『法学論叢』166 巻 6 号 68-93 頁

―――（2011）『法哲学』成文堂

―――（2017a）「法律関係論と権利論」『法学論叢』180 巻 5・6 号 88-124 頁

―――（2017b）「中間法律関係」『法律論叢』90 巻 1 号 67-78 頁

菅野喜八郎（1988）『続・国権の限界問題――純粋法学と憲法学――』木鐸社

神橋一彦（2008）『行政訴訟と権利論（新装版）』信山社

来栖三郎（2004）「民法における財産法と身分法（一）～（三）〔未完〕」『来栖三郎著作集Ⅰ　法律家・法の解釈・財産法　財産法判例評釈（1）〔総則・物権〕』信山社、293-365 頁

佐藤遼（2016a; 2016b; 2016c; 2016d）「法律関係論の史的展開（一）～（四）・完」
　　『法学論叢』178巻6号79-111頁；179巻2号100-29頁；179巻5号94-111
　　頁；180巻1号95-123頁

末川博（1970）『権利侵害と権利濫用』岩波書店

高柳賢三（1948）『米英の法律思潮』海口書店

徳永賢治（1982）「J. ベンサムにおける意志論理学の構想とその哲学的基礎」『沖縄
　　法学』10号187-219頁

原島重義（2011）『市民法の理論』創文社

深田三徳（1984）『法実証主義と功利主義──ベンサムとその周辺──』木鐸社

三本卓也（2010）「法実証主義 legal positivism ──法はすべて強制規範なのか？
　　──」竹下賢他編『はじめて学ぶ法哲学・法思想── 古典で読み解く21のト
　　ピック──』ミネルヴァ書房、64-76頁

耳野健二（2003）「一九世紀ドイツ法学における Rechtsverhältnis の概念」比較法
　　史学会編『法生活と文明史　Historia Juris　比較法史研究──思想・制度・
　　社会⑪』未来社、96-158頁

八木鉄男（1977）『分析法学の研究』成文堂

人名索引

【A】

Alexy, Robert　137, 159-60, 175, 176, 178, 179-80
青井秀夫　63
新正幸　129-30, 133, 135, 136
Austin, John　40-2, 44, 109

【B】

Bentham, Jeremy　3, 31-9, 78, 109
Bierling, Ernst Rudolf　5, 23-7, 28, 29, 53, 73, 175, 176
Brady, James B.　176
Brazil, Ben　171, 173-5, 178
Brinz, Alois　5-7, 73, 175, 176
Bulygin, Eugenio　176

【C】

Campbell, A. H.　59, 118-9
Clark, Charles E.　83
Commons, John R.　96
Cook, Walter W.　92
Corbin, Arthur L.　65, 66, 67, 70, 71, 74, 75, 76, 83, 92-3, 96, 97-8, 159, 175
Cullison, Alan D.　77

【D】

Dainow, Joseph　83
Dias, R. W. M.　65, 74, 119, 159, 173, 175, 176, 178
Dickey, Anthony　62, 63, 77
Dölle, Hans　74, 159

【E】

Eckhoff, Torstein　176
Evans, Jim　163
Everett, Charles Warren　31

【F】

Finan, John P.　173, 176
Finnis, John　152-3, 173
Francisco, Vicente J.　72, 74, 159
深田三徳　32

Funke, Andreas　23, 26

【G】

Goble, George W.　4, 71, 80, 81, 83, 96, 101, 102-8, 109-10, 113, 129, 145, 182, 183-4, 189
Gottlieb, Stephen E.　65
Gray, John Chipman　68

【H】

Hall, Jerome　109
Halpin, Andrew　38
原島重義　16
Hart, H. L. A.　31, 35, 36-7, 39, 140-1, 142-4, 145, 150, 151, 179, 180
Hearn, William Edward　31, 42-6
Heilman, Raymond J.　4, 80, 81, 96-101, 102, 108, 109-10, 113, 129, 182, 183-4, 189
Herget, James E.　47, 49, 53, 63, 83, 102
Hislop, David John　71, 74, 159
Hohfeld, Wesley Newcomb　3-4, 19, 29, 31, 41, 42, 62, 63-80, 81, 82-4, 85, 91, 93, 95, 96-7, 100-1, 102-3, 106-7, 108, 109, 113-6, 117, 118-9, 120, 121, 125, 128, 129, 137, 141, 143, 152-3, 163, 166, 168, 173-5, 176, 177
Hölder, Eduard　29
Holland, Sir Thomas Erskine　40-2, 109

【I】

石井幸三　32, 36, 37

【K】

戒能通弘　55
亀本洋　64, 70, 71, 75, 78, 93, 158, 178
神橋一彦　129, 131, 136
菅野喜八郎　136
Kasper, Franz　6
Kelsen, Hans　129-37, 145, 157-8, 161-2, 169
Kocourek, Albert　3, 4, 19, 22, 23, 29, 52, 64, 71, 75, 80, 81-96, 108, 109-10, 113, 116, 119, 155-7, 158, 169, 175, 183, 187
Kramer, Matthew H.　65, 75, 127, 139, 141, 147, 148-50, 151, 152, 159, 163, 168, 176, 180
Kurki, Visa A. J.　159, 167-8

来栖三郎　16

【L】

Lehmann, Heinrich　28
Lenel, Otto　7-12, 29
Lindahl, Lars　33, 35, 38, 121, 165
Lyons, David　151-2
Lysaght, L. J.　32

【M】

MacCormick, Neil　65, 146, 163-6, 167, 175
Makinson, David　123, 176
Markby, Sir William　40-2
Marsh, Thompson G.　95, 120
Merkel, Adolf　29
Mill, John Stuart　44
耳野健二　5
三本卓也　181
Moreso, José Juan　32
Moritz, Manfred　73, 75, 159
Mullock, Philip　67, 122-3, 172-3

【O】

大橋智之輔　23
奥田昌道　5, 15
大塚滋　129

【P】

Paton, George Whitecross　72, 176
Paulson, Stanley L.　136-7
Philbrick, Francis S.　83-4, 92
Portmann, Wolfgang　127
Pound, Roscoe　22, 23, 53, 92

【R】

Radin, Max　64
Rainbolt, George W.　74, 159, 166
Ratnapala, Suri　75, 166, 171, 173-5, 178
Raz, Joseph　74-5, 162-3, 167, 176
Reidhav, David　121, 165
Ross, Alf　137-40, 142, 145, 160, 175, 176, 179-80

【S】

Salmond, Sir John William　3, 29, 31, 51, 52, 53-63, 64, 67, 73, 77-9, 91, 109, 147, 150, 176

Sartor, Giovanni　151, 157, 176
佐藤遼　4
Savigny, Friedrich Carl von　47
Schlossmann, Siegmund　21
Schnüriger, Hubert　167
Schofield, Philip　31
Schulev-Steindl, Eva　18, 127
Searle, John R.　160
Sieckmann, Jan-Reinard　161
Simmonds, Nigel E.　72, 176, 177
Singer, Joseph William　69, 83
Spaak, Torben　5, 6, 38, 121, 136, 146, 161, 162-3, 175, 176, 181
Steiner, Hillel　141, 177-8
Stoljar, Samuel　75
Strömberg, Tore　176
末川博　16
Sundby, Nils Kristian　176

【T】

高柳賢三　22, 23, 29, 47, 52, 53, 56, 64, 65, 79-80, 82, 83, 102, 104
Tapper, C. F. H.　167
Terry, Henry Taylor　31, 47-52, 53, 67, 73, 78, 79, 109, 176
Thon, August　5, 12-22, 23, 24, 27, 28, 73, 175, 176
徳永賢治　32
Tuhr, Andreas von　29
Tusseau, Guillaume　38

【W】

Wellman, Carl　117-8, 120-1, 122, 141-5, 150, 165-6, 175
Williams, Glanville　62, 67
Wilson, J. G.　176
Windscheid, Bernhard　11, 18, 53, 135
Winfield, Percey Henry　53
Wright, Georg Henrik von　171-2

【Y】

八木鉄男　54

【Z】

Zitelmann, Ernst　28

事項索引

※　特に重要と思われる箇所のみを挙げた。

【ア行】

意思説　127, 133, 135, 148, 150
意図　163-6
　現実のまたは帰属させられた――　163-4, 175

【カ行】

可能　→　「法的可能」を見よ
　事実的――　159-62
義務　9, 24, 34-5, 40, 42, 47-8, 49-51, 55-7, 64-6, 86-7, 97-100, 103, 104-5, 113, 129, 130-1　→　「責務」も見よ
　完全な――　147, 150　→　「完全な権利」も見よ
　条件付法――　26
　真正な――　148, 168　→　「真正な権利」も見よ
　不完全な――　147, 150　→　「不完全な権利」も見よ
　名目上の――　148-9, 150-1, 168-9　→　「名目上の権利」も見よ
義務違反
　――（違法行為、規範違反行為、不法行為）と権能　7, 21-2, 26-7, 28-9, 72-5, 88-91, 92-3, 155-7, 158-69, 173-4, 182-3, 189-90
義務者
　――の権能　88-91, 92-3, 155-70, 182-3, 189-90
　――の責任　99-100, 103, 104-5, 182-3
義務の領域　3-4, 78, 79, 98, 100, 101, 107, 114, 171-85, 189-90
義務賦課規範　146, 181　→　「行為規範」も見よ
享受　13, 18-9
許可　11-2, 32-3, 115, 139, 176-7　→　「許容」、「許容権」、「自由」、「責務の不存在としての権利」、「特権」も見よ
　より高階の――　172
許容　5-7, 19, 24-5, 115　→　「許可」、「許容権」、「自由」、「責務の不存在としての権利」、「特権」も見よ
許容権　48-9

禁止　11, 23, 24, 32-3, 34-5　→　「命令」も見よ
権限　115, 138-40, 159-60, 176-7, 179-80　→　「権能」、「能力権」、「法的可能」、「法的力」も見よ
権限規範　146, 160　→　「権能付与規範」、「授権規範」も見よ
　――の諸様相　138-40
　行為規範の前提条件としての――　138-9, 179-81
　より高階の許可規範としての――　172
権能　13, 19-22, 36-9, 44-5, 55-6, 59-60, 64-5, 69-75, 87-93, 96-7, 102-3, 114, 117-25　→　「権限」、「能力権」、「法的可能」、「法的力」も見よ
　義務――　88-9, 92-3, 155-8, 182-3
　強制――　115, 127
　――説　115, 128-46, 152-4, 181-2
　レーネルにおける――　9-10
　――行使の条件の不充足　179
　――付与の理由　162-3
　自分自身に対する――　117-8
　接触の――　36-7, 38
　特権（許可、許容、許容権、自由）と――（権限、能力権、法的可能）の区別　5-7, 51-2, 60, 71-2, 166, 175-8
　特権の一種としての――　173-5
　能力または――　41
　反義務――　88-91, 92-3, 155-7, 158-69, 182-3
　非義務――　88-9, 156
　法的――と物理的力の区別　120-1
　法的地位を変化させない――　122-4
　命令の――　37-9
　より高階の許可としての――　172
権能の領域　3-4, 78, 79, 98, 100, 101, 107, 114, 171-85, 189-90
権能付与規範（法、ルール）　14, 28, 38-9, 55, 146　→　「権限規範」、「授権規範」も見よ
権利　13, 15-7, 40, 43, 64-6, 97-100, 103, 104-5, 113　→　「請求権」、「対応権」も見よ
　完全な――　147, 150　→　「完全な義務」

206　事項索引

も見よ
技術的意味における――（私権）　133-6
狭義の――　55-7
広義の――　55-6
サーヴィスに対する――　33-5
責務ないし義務に相関する――　35, 115,
128, 140-1
真正な――　148-9, 150, 168　→　「真正
な義務」も見よ
不完全な――　147, 150　→　「不完全な
義務」も見よ
名目上の――　148-9, 150-1, 168-9　→
「名目上の義務」も見よ
権利者
――の権能　99-100, 103, 104-5, 127-54,
181-2
――の責任　182-3
行為
義務――　88-9, 156-7
制度的――　160
反義務――　88-91, 156-7
非義務――　88, 156
行為規範　26, 146, 160　→　「義務賦課規
範」も見よ
――の諸様相　138-40

【サ行】

事実（法律関係を変化させる）　69-70, 88,
156
自由　35, 41, 45-6, 55-6, 57-9, 115　→　「許
可」、「許容」、「許容権」、「責務の不存在とし
ての権利」、「特権」も見よ
両面的――　137-8, 140-1, 172
従属　115, 137, 138-9　→　「責任」も見よ
授権　133-5, 136-7
最広義の――　161-2
狭義の――　161
最狭義の――　161-2
授権規範　26, 136-7, 146　→　「権能付与規
範」、「権限規範」も見よ
進化（法律関係の）　88, 156
請求権　9, 15-7, 24, 86-7, 115, 134-5, 137-40,
141-5, 153　→　「権利」、「対応権」も見よ
条件付法――　26
真正な――　→　「真正な権利」を見よ
名目上の――　→　「名目上の権利」を見よ
責任　55-6, 59-60, 64-5, 69-72, 87-8, 97-8,
102-3, 114, 118-20　→　「従属」も見よ

自由の相関項としての――　55-6, 57-9
受忍――　10
無権利の一種としての――　174-5
責務　33-5, 40, 54, 115　→　「義務」も見よ
真正な――　→　「真正な義務」を見よ
名目上の――　→　「名目上の義務」を見よ
責務の不存在としての権利　35-6　→　「許
可」、「許容」、「許容権」、「自由」、「特権」も
見よ
選択説　127, 140
相関関係　3, 55-6, 62-3, 64-5, 77, 79, 113-4
相関項　→　「法的相関項」を見よ

【タ行】

対応権　47-8　→　「権利」、「請求権」も見
よ
対立項　→　「法的対立項」を見よ
力　→　「法的力」を見よ
出来事　88, 95, 118-20, 122
特　権　64-5, 66-9, 97-100, 103, 106-7, 114,
182, 183-4, 189　→　「許可」、「許容」、「許
容権」、「責務の不存在としての権利」、「自
由」も見よ
コクーレクにおける――　84-5
――（許容、許容権、自由）と権利（請求
権、対応権）の区別　25, 45-6, 48-9, 58-9,
67-9

【ナ行】

能力権　51-2

【ハ行】

反射権　131-3
否定説　115, 128, 146-54
非法的な自由の領域　19, 82-4
被保護権　49-51
不存在関係　3, 61-2, 63, 64-5, 77, 79
不能　84-5
不法行為能力　27, 161-2
法義務　→　「義務」を見よ
法請求権　→　「請求権」を見よ
法的可能　5-7, 10, 13, 17, 26-7, 74, 115　→
「権限」、「権能」、「能力権」、「法的力」も見
よ
法的許容　→　「許容」を見よ
法的相関項　64-5, 77, 79
法的対立項　64-5, 77, 79
法 的 力　6-7, 15-7, 19-20, 115, 133-6　→

「権限」、「権能」、「能力権」、「法的可能」も見よ

法律関係
　法的地位の相関関係としての―― 3, 113-4

法律行為 6-7, 21-2, 26-7, 139

【マ行】

無権利 64-5, 66-8, 97-100, 103, 106-7, 114, 182, 183-4, 189

無能力 55-6, 60-1, 64-5, 76-7, 78-9, 97-8, 103-4, 114
　――と義務の区別 178
　義務の一種としての―― 174-5
　コクーレクにおける―― 84-5

命令 9, 11, 23, 24, 32-3, 34-5, 40, 42-3, 54-5

―― (I) 13-22

免除 55-6, 60-1, 64-5, 76-7, 78-9, 98, 100, 103-4, 114
　コクーレクにおける―― 84-5
　権利の一種としての―― 174-5
　――と（狭義の）権利の区別 60-1, 178

【ヤ行】

様相
　ベンサムにおける―― 32-3

【ラ行】

利益説 127, 133, 135, 148, 149, 151-2

ルール
　構成的―― 160
　統制的―― 160

著者略歴

佐藤　遼 （さとう　りょう）

京都大学大学院法学研究科特定助教
博士（法学）（京都大学）
1989年　山形県上山市生まれ
2012年　京都大学法学部卒業
2017年　京都大学大学院法学研究科博士後期課程修了　博士（法学）
2017年　京都大学大学院法学研究科特定助教
　　　　現在に至る

法律関係論における権能　新基礎法学叢書14

2018年 3 月30日　　初　版第 1 刷発行

著　者　　佐　藤　　遼

発行者　　阿　部　成　一

〒162-0041　東京都新宿区早稲田鶴巻町514番地

発行所　　株式会社　成　文　堂

電話 03（3203）9201　FAX 03（3203）9206
http://www.seibundoh.co.jp

製版・印刷　シナノ印刷　　　　　　　製本　佐抜製本
©2018　R. Sato　　　　　　printed in Japan
☆乱丁・落丁本はおとりかえいたします☆
ISBN978-4-7923-0623-6　C3032　　　　　　検印省略

定価（本体4000円＋税）

新基礎法学叢書 刊行のことば

このたび、以下に引用する阿南成一先生の基礎法学叢書（1970年〜1998年）刊行のことばの精神を引き継ぎ、新基礎法学叢書の刊行を開始することにした。そのめざすところは、旧叢書と異ならない。ただし、「各部門の中堅ならびに新進の研究者」という執筆者についての限定は外すことにした。基礎法学各部門の「金字塔をめざして」執筆する者であればだれでも書くことができる。基礎法学の研究者層は大変薄いこともあり、それ以外の法学部門の研究者だけでなく、哲学、歴史学、社会学等の専門家、さらには、教養あるすべての人々にも、読んでいただけるような内容になることを期待している。

2012年1月 　　　　　　　　　　　　京都大学教授　　亀 本 　 洋

基礎法学叢書 刊行のことば

現代は《変革の時代》であり、法律学も新たに生まれ変わろうとしている。かかる時代にあって、法哲学・法史学・比較法学・法社会学等のいわゆる基礎法学への関心も高まり、これらの学問の研究は、ますます重要性を加えつつある。

しかし、いずれの学問分野においても、基礎的研究の重要性が説かれながら、その研究条件は、応用的ないし、実用的研究に比して、必ずしも恵まれていない。このことは基礎法学についても同様かと思われる。

それにもかかわらず、基礎法学の研究は、こんにちことのほか重要であり、幸い全国各地には基礎法学の研究にたずさわる研究者が熱心に研究活動をつづけている。そこで、ここに《基礎法学叢書》を企画し、これを、基礎法学の各部門の中堅ならびに新進の研究者の研究成果の発表の機会とし、以って基礎法学の発展を期することとした。

この基礎法学叢書として今後二〜三のモノグラフィーを逐年刊行の予定であるが、それらはいずれも基礎法学部門の専門、学術的な研究成果であり、各部門の発展途上における金字塔をめざして執筆されるものである。

本叢書が基礎法学の発展に寄与できれば幸いである。

昭和43年2月 　　　　　　　　　　大阪市立大学教授　　阿 南 成 一